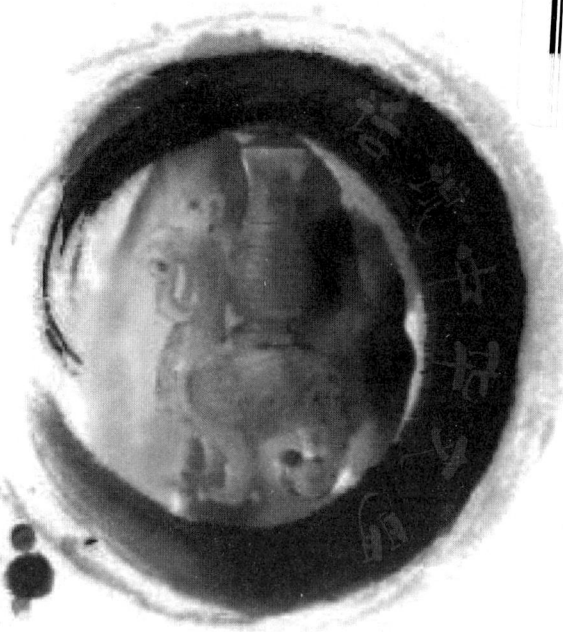

李学勤 罗哲文 俞伟超 曾宪通 彭卿云

# 贞观时期的文明

李默／主编

中华文明是人类历史上最伟大的文明之一，是人类文明发展的主要构成。中华文明丰富、深刻、辉煌、博大，在人类文明中的骨干作用和领导作用人所共知。在人类文明的发源时期，中华文明就是四大古文明之一，是地球上文化的策源地之一。

广东旅游出版社
GUANGDONG TRAVEL & TOURISM PRESS
悦读书·悦旅行·悦享人生

中国·广州

**图书在版编目（CIP）数据**

贞观时期的文明 / 李默主编 . — 广州 : 广东旅游
出版社 , 2013.1（2024.8 重印）
　ISBN 978-7-80766-419-2

　Ⅰ.①贞… Ⅱ.①李… Ⅲ.①中国历史—唐代—通俗
读物 Ⅳ.① K242.09

中国版本图书馆 CIP 数据核字 (2012) 第 258041 号

出 版 人：刘志松
总 策 划：李 默
责任编辑：张晶晶　黎　娜
装帧设计：盛世书香工作室　腾飞文化
责任校对：李瑞苑
责任技编：冼志良

**贞观时期的文明**
ZHEN GUAN SHI QI DE WEN MING

广东旅游出版社出版发行
（广东省广州市荔湾区沙面北街 71 号首、二层）
邮编：510130
电话：020-87347732（总编室）020-87348887（销售热线）
投稿邮箱：2026542779@qq.com
印刷：三河市嵩川印刷有限公司
　　　（河北省廊坊市三河市杨庄镇肖庄子村）
开本：650×920mm　16 开
字数：105 千字
印张：10
版次：2013 年 1 月第 1 版
印次：2024 年 8 月第 3 次印刷
定价：45.80 元

# 出版者识

　　《话说中华文明》是一部全景式图文并茂记录中国文明历史的大书。出版者穷数年之力，会集各方力量——专家、学者、编辑、学术顾问们，在浩如烟海的历史档案、资料、著作中，探珍问宝，追寻中华文明在悠悠历史长河中的灿烂之光。此书的出版，凝聚了编撰者的心血，学术顾问们的智慧。尤其是李学勤先生，亲自动笔写下了序言，更增加了本书沉甸甸的分量。

　　中华文明的历史充满了辉煌与苦难，成就和挫折。它的历史无处不在，决定着我们中国人今天的思想和感情。当今的中国和中国人是中华文明的历史造就的，是中华文明的历史的延伸，也是它的一个组成部分，中华文明的历史之河奔流到现在。

　　中华文明是人类历史上最伟大的文明之一，是人类文明发展的主要构成。中华文明丰富、深刻、辉煌、博大，在人类文明中的骨干作用和领导作用人所共知。在人类文明的发源时期，中国就是四大古国之一，是地球上文化的策源地之一。在人类文明的早期，中华文明成为文明在东方的支柱，公元前后200年间，人类的汉帝国与罗马帝国这两只铁手攫住了地球。在欧洲进入中世纪的时候，中华文明更成为人类文明最主要的领导，它的文明统治东亚，传遍世界。进入近代，中华文明处于自身的重压和西方的欺凌下，但中国人民的斗争史和奋起精神是人类文明历史中不可缺少的一页。

　　五千年的中华文明为人类贡献出了从思想家孔子到科学技术的四大发明、从唐诗宋词到长城运河的伟大创造，贡献出了从诸子百家到宋明理学，从商周铜器到明清文学的深刻内涵，也贡献出了从五霸七强到三国纷争、从文景之治到十大武功的辉煌历史。中华文明的历史绚烂多彩，在人类文明的历史长河中永放光芒。

　　中华文明也是人类历史上最独特的文明，没有哪一个文明像中华文明这样持久，这样统一一致。世界上其他文明不但互相交错，其创造者也都与高加索体质的人种有关，它们是姐妹文明。在人类历史中，只有中华文明才是独特的，它的创造者是中国土地上的中国人民，与其他任何地方的人民都没有关系，它的文化是统一一致的文化，可以不依赖于其他任何文明而生存，但中华文明也绝不是封闭的，它接受他人的文化，也承担自己对于人类的责任。

　　人类进入新世纪，中国的社会经济发展令世人瞩目。人们对于世界未来的政治和经济结构的估计无不以东亚和太平洋为中心，而尤以中国为重点。

　　经济起飞只是当代中国的一个方面，中国的精神文明的建设尤为刻不容缓。如果中国要自觉地发展中华文明，要有意识地使中国的发展具有世界意义，就必须发展强有力的精神文化，这样才能使中华文明的发展进入一个新的阶段，才能形成中国和中华文明的全面现代化。

而中国的精神文化的发展植根于中华文明的伟大传统之中。进入近代之后，在西方文化的冲击下，对于中国文化的价值产生大量的情绪化和激烈冲突的论调。"五四"运动打倒孔家店的口号具有冲破封建束缚的时代意义，对中国文化的发展有不容否认的正面意义，与文化虚无主义是完全不同的。文化虚无主义者否定中国传统文化，在现代化的旗帜下主张全盘西化；而复古主义则沉迷于中国文化的古董，走进反进步、反科学的泥潭。

历史的发展则超越了所有这些论点，产生这些论调的一百多年来的中国近代史已经结束。历史要求中国发展，要求中国走在全世界发展的前列。西化论和复古论都已过时，历史已经要求世界超越西方，中国可以承担起世界的命运，而中国的现实和世界的历史都说明，中国的使命在于它的发展前进，而非倒退。

中华文明走出迷惘的时代，我们这一代处在一个伟大而具有挑战的历史阶段。

总结历史、展望未来，这就是《话说中华文明》的意义和使命。我们创作《话说中华文明》，力求总结和回顾中华文明的全貌，在内容和形式上都开创一个新的局面。在内容结构上，既具有一定的深度，又具有相当的广博性，既有严谨、准确的学术价值，又有活泼、流畅的可读性。我们在本丛书内容纳了中华文明的各个方面，使它综合了大规模学术著作的系统性、严密性和普及读物的全面性、简易性，它既可作为大型工具书检索中华文明的各个成分，又可作为通俗的读物进行浏览。

我们从上世纪 90 年代初起就开始思考中华文明的历史和现实问题，并逐渐形成了编著《话说中华文明》的设想。在开展这项庞大的文化工程之始，我们就聘请了国内权威学者李学勤、罗哲文、俞伟超、曾宪通、彭卿云诸先生担任学术顾问，他们对计划作了充分讨论，并审阅了大量初稿。我们聘请了广州、香港地区的社会科学学者、大学教师、研究生以及我社编辑人员几十人担任稿件的撰写工作。

通过创作这部书，我们深深地感受到了中华文明的博大精深，也感受到了它的内在缺陷。中华文明具有辉煌的时期，也有苦难的年代，有它灿烂的成就，也有其不足的方面。中华文明在自身中能够吸取充分的经验和教训，就能够使自身健康壮大，成长发展。

通过创作这部书，我们也深深感受到了出版事业的使命和重任。我们希望这部书能受到广大读者的喜爱，起到它所应当起的作用。为中华文明的反省、前进和奋起作一点贡献。

# 目 录

李世民发动玄武门之变登上帝位 / 002

李世民增设相位 / 003

玄奘西行取经 / 004

唐大破东突厥·平定漠南 / 005

拓本方法开创 / 007

玄应编《一切经音义》 / 008

《艺文类聚》成为文学教材 / 009

《缉古算经》成书 / 010

魏征进谏 / 011

穆斯林建怀圣寺光塔 / 013

成玄英注《庄子》 / 013

王玄览著《玄珠录》 / 014

贞观之治形成 / 015

长孙皇后贺谏 / 018

唐平吐谷浑 / 018

唐定律、礼令 / 019

虞世南去世 / 020

西突厥分裂 / 020

孔颖达撰《五经正义》 / 021

停止刺史世袭 / 022

法琳撰《辩正论》 / 023

唐农业生产力提高 / 023

唐代变文流行 / 025

隋唐宫廷燕乐鼎盛 / 026

彩胜兴盛 / 028

富有中国民族特色的敦煌佛教艺术宝库形成 / 029

隋唐三教并用 / 033

字样学兴起 / 035

中国造船业驰名世界 / 036

话说 中华文明

贞观时期的文明

草市普及 / 037

姚思廉撰《梁书》《陈书》 / 038

杨上善校《内经》 / 039

景教兴而复灭 / 039

拜火教在中国流行 / 041

使职制大量出现 / 042

王梵志成为通俗诗巨擘 / 043

《贞观氏族志》谱写氏族等第 / 044

重建长安城 / 045

六学二馆系统形成 / 046

大明宫建成 / 047

《隋书》陆续编撰 / 049

阎立本丹青神化 / 050

唐锦流行于西域 / 051

《周书》撰成 / 052

府兵制兴盛 / 053

唐建南北衙 / 054

律宗形成宗派 / 055

净土宗建立 / 057

"南青北白"·陶瓷并茂 / 058

唐蕃和亲 / 061

魏征卒 / 063

更立太子 / 063

唐太宗征高丽无功而还 / 064

唐平定薛延陀 / 065

王玄策破中天竺 / 066

唐发兵攻龟兹 / 067

李靖论兵 / 067

振兴儒学·运动兴起 / 068

李世民去世 / 070

昭陵六骏刻成 / 071

欧氏父子创欧体字 / 072

王绩《野望》显示唐律诗成熟 / 074

邸店成为最早的钱庄 / 075

踏歌流行 / 076

长安坊市兴旺 / 077

江东犁出现 / 078

卷轴装经折装图书盛行 / 079

李百药撰《北齐书》 / 081

修建九成宫、华清宫 / 081

唐人写经多出高手 / 083

走马灯出现 / 084

莴苣、菠菜、西瓜引进 / 085

开始人工培养食用菌 / 086

花卉业兴盛 / 087

《唐律疏议》颁布·唐律完善 / 090

武则天立为皇后 / 090

日本遣唐使几次来华 / 091

苏定方大破西突厥 / 092

武则天杀长孙无忌等 / 092

伊斯兰教传入 / 093

褚遂良集唐初书法大成 / 095

舞谱发明 / 096

突厥文字在北方广泛使用 / 098

焉耆龟兹文使用盛极 / 099

唐政府颁行《新修本草》 / 100

字母形成 / 102

凤首龙柄壶融合中外工艺 / 102

以十六国地置府州 / 105

薛仁贵三箭定天山 / 105

大改官员名 / 106

苏定方平定百济 / 106

武则天垂帘听政 / 107

西突厥附吐蕃 / 108

唐军平定高丽 / 108

唐高宗大封天上地下 / 109

唐军大败丁非川 / 110

珐琅器工艺发源 / 111

道宣去世 / 111

道世撰《法苑珠林》 / 112

官营手工业进一步发展 / 112

唐代石刻线画成就辉煌 / 114

唐代造纸业蓬勃发展 / 116

修建道教太清宫 / 118

初唐壁画场面盛大 / 118

贺兰敏之自缢 / 121

虞昶监造妙法莲华经 / 121

始刻《集王书圣教序》/ 122

奉先寺建成 / 122

龙门石窟艺术达到高峰 / 123

尉迟乙僧在世 / 125

王勃为初唐四杰之冠 / 126

中国国家宗教成熟 / 127

长孙讷言新增《切韵》/ 128

大曲形成流行 / 129

斜纹纬锦成为主流 / 130

民间作坊兴盛 / 131

李淳风作《乙巳占》/ 133

四大名山佛寺兴盛 / 134

裴行俭尽灭东突厥残部 / 138

太平公主出嫁 / 138

裴行俭去世 / 139

以"同平章事"知政事 / 140

东突厥后汗国立 / 140

唐代马球运动兴盛 / 141

法师窥基卒 / 142

李善注《文选》/ 143

唐代手工制糖业兴起 / 144

变文演唱成熟 / 145

孙思邈总结传统医学成就 / 146

唐七军阵法创新 / 149

汉风艺术集中于库木吐喇石窟 / 151

唐朝

# 李世民发动玄武门之变登上帝位

秦王李世民在创建唐业中，功勋卓著，威望日升，手下精兵强将颇多，太子建成功逊世民，兄弟间深怀敌意，皆竭力招贤纳众。建成获得齐王元吉及后宫支持后又得到李渊的偏袒，在双方较量中占有优势。武德七年（624）后，建成几次谋害世民，其中一次暗下鸩毒，使李世民心中暴痛、吐血数升。此后李建成与李元吉又欲收买秦王部下名将尉迟敬德、程知节、秦叔宝、段志玄等未成功，后又上疏高祖，诋毁秦王谋士房玄龄、杜如晦，二人均被高祖逐出京师。

武德九年（626）夏，突厥兵进攻唐境，太子李建成荐李元吉代秦王出征，并奏请以秦王大将尉迟敬德、程知节、秦叔宝、段志玄等随行，太祖诏准。李建成与李元吉密谋欲在为元吉饯行的宴会上谋杀李世

唐太宗画像

民。李世民得知消息，密奏高祖，并细诉太子及李元吉俩人淫乱后宫等事，高祖答应来日（六月四日）询问建成、元吉俩人。六月四日清晨，秦王李世

玄武门遗址

民率长孙无忌等伏兵于玄武门。太子李建成闻知秦王密奏高祖之事，便召元吉密议，李元吉认为应布置军队，托疾不入朝，坐以观变，等待消息。建成说已经布置就绪，只待入朝，打听消息。此时，高祖已召裴寂、肖瑀、陈叔达等臣审议秦王所奏之事。建成、元吉则对形势估计不足，认为已布置停当，便仍从容上朝。

俩人赶到玄武门，一进宫门，到临湖殿，便发现形势不对，立即策马欲东奔回各自宫府，李世民在后追赶，并呼叫建成、元吉俩人停下，元吉张弓欲射李世民，但慌忙中未能拉开弓弦，而李世民却一箭就将太子建成射死于马下，元吉也被赶到的尉迟敬德射下马来。李世民亦从马上掉下，被树枝挂住，元

吉带伤返回，夺世民手中弓，欲用弓扼死李世民，尉迟敬德跃马大喝，元吉慌忙快步奔向武德殿，尉迟敬德紧追不舍，一箭射死李元吉。

太子李建成、齐王李元吉死后，两府部众方得知讯息。翊卫车骑冯立、副护军薛万彻等将领东宫、齐王府精兵2000余人赶至玄武门外，欲杀李世民，为太子李建成及齐王李元吉两主复仇。李世民的云麾将军敬君弘掌宿卫兵屯玄武门，领兵挺身与冯立、薛万彻力战，不敌而战死。李世民的心腹猛将张公谨力大无比，在玄武门内闭关门抗拒冯立、薛万彻两将所率人马，使其不能入关。坚守玄武门的李世民部众与薛万彻、冯立军马力战很久，薛、冯二将久攻不下，便鼓吹要攻打秦王府，秦王将士大惊，尉迟敬德便持李建成、李元吉俩人首级示于城门，东宫、齐王府军队才大乱而退。

高祖闻知此事大惊，与裴寂等臣商议，肖瑀、陈叔达答道："建成、元吉本未参与起义，又无功于天下，而嫉妒秦王功高，狼狈为奸。现在秦王讨伐并诛杀他们。陛下可将国事委许秦王。"高祖于是点头称善。六月七日立李世民为皇太子，两个月后又被迫让位李世民，自称太上皇。至此，李世民发动玄武门之变而登上帝位。

## 李世民增设相位

贞观元年（627年）九月，李世民命御史大夫杜淹"参预朝政"，相额开始增加。

唐朝初年宰相为尚书、中书、门下三省长官，但因尚书省主要负责执行政令，且权力有过大之嫌，制定政策的"机要之司"渐渐转移至中书、门下二省，但二省官员人数不够，而太宗即位后，为广集思路，决定吸收一些有才干而资历浅的官员参决大政。贞观二年（628）九月，令御史大夫杜淹参预政事，开始以"他官参预政事"。其后又设参议得失、参知政事等，均为宰相之职。后又于贞观十六年（642年），因中书令、侍中皆三品，授李勣"同中书、门下三品"，他官任宰相名称始起于统一。

房玄龄（579 ~ 648），曾任秦王府记室，贞观元

房玄龄

杜如晦

年（627）任命为中书令，后于贞观三年（629年）三月，被任为尚书左仆射。杜如晦（585～630年），曾任陕东道大行台司勋郎中，与房玄龄同时拜相，任命为尚书右仆射。房杜两人均长年追随秦王四处征战，房玄龄善谋略，而杜如晦则善于决断大事。贞观三年，房杜二人拜相后，成为唐太宗的主要助手，房杜两人成为唐朝名相，人称"房谋杜断"。

贞观之后，任宰相者除中书令、待中外，长期皆加"同中书、门下三品"，尚书省长官也不能例外。贞观时，以他官任相职者人数很多，其中有杜淹、魏征、李靖、李勣等大量人才。李世民藉此制，充分发挥了他们的才干，为"贞观之论"提供了重要保证。

## 玄奘西行取经

贞观三年（629），玄奘为统一佛法分歧西行取经，前往天竺。

玄奘，唐代高僧，佛教学者，旅行家、翻译家。玄奘俗姓陈，洛州偃师人，出身儒学世家，13岁出家后，游历各地，遍访名师，博读经论，但感到各种佛教理论有分歧，无所适从。于是决定西行天竺寻求可以总结诸论的《瑜伽师地论》，遂聚结僧侣上表太宗，乞准赴天竺求经，有诏不许，众僧侣都退缩，唯有玄奘坚持，并于贞观三年（629）八月，独自一人由长安出发，经数年艰

《大唐西域记》十二卷，玄奘口述，辩机撰文。本书系玄奘奉唐太宗敕命而著，贞观二十年（646）成书。书中记述了玄奘亲历城邦、地区、国家的见闻和概况。图为《大唐西域记》书影。

玄奘像

难跋涉，终于到达印度。在天竺十几年研习经文，于贞观十九年（645）携657部梵文佛经返回长安。受到唐太宗李世民盛大欢迎。

玄奘精通梵、汉文，将直译、意译巧妙融为一体，共译经论775部，1235典，对佛教传播作出了贡献，并耗时一年，写成介绍西行沿线经过的国家、地区的情况的

大雁塔。始建于隋开皇九年(589)，初名无漏寺。唐贞观二十二年(648)，皇太子李治扩建为大慈恩寺。玄奘奉敕由弘福寺移居慈恩寺，住翻经院，专务翻译。专内大雁塔创建于唐永徽三年(652)，为保存玄奘由印度带回的佛经而建。图为大雁塔外景。

五天竺图，可能是后人仿玄奘所绘的五天竺图的摹本。图中红线所绘为唐玄奘西行求法时经过的国家和地区。

《大唐西域记》，以满足太宗了解西域及天竺各国情况的急切之心。

玄奘还创"法相宗"，他综合印度十大论师著作糅译而成《成唯识论》，作为"法相宗"经典，提出"八识论"，宣传"万法唯识"、"心外无法"，故法相宗又称唯识宗。

## 唐大破东突厥·平定漠南

贞观四年（630年）正月，唐大破东突厥颉利可汗，俘男女牲畜各数十万。

突厥势力最大时在公元六世纪，东至辽海，西达咸海，南抵阿姆河南，北抵贝加尔湖，屡与北朝、隋战争。583年后分为西、东突厥两部。

唐朝武德初年，东突厥处罗可汗入侵唐朝并州，高祖派郑元璹为使劝处罗可汗退兵。后颉利可汗继位，扣留唐使郑元璹，并仗其强大军队和精锐骑兵，听从其妻隋朝义成公主及王世充使者劝说，进兵攻打汾阴、石州，621年四月又派兵骚扰雁门、并州，五月又扰北边，失利西还。622年三月，高祖因中国还未统一，对突厥态度谦恭，派使者送重礼与颉利可汗，对方送回扣留使者郑元璹、李瑰、长孙顺德、及特勒热寒、阿史那德，两国和好。

贞观时期的文明

　　622年八月，颉利可汗进入唐境雁门关，分兵攻打并州、原州，高祖令太子建成出幽州道、秦王世民从秦州道出击突厥，同时派云州总管李子和赶赴云中，突袭颉利，段德操奔夏州，截断突厥的归路。高祖采纳中书令封德彝建议，先战后和。并州大总管、襄邑王李神符、汾州刺史肖瑀分别在汾东等地败突厥，杀敌5000余人，但突厥来势凶猛，进犯廉州，攻陷大震关（今甘肃清水）。高祖忙派郑元涛为使，往见颉利可汗，可汗退兵，两国复好。

　　623年十月，颉利可汗又派兵骚扰马邑、原州、朔、渭、幽等州，高满政在马邑杀突厥军万余人，颉利亲率大军攻马邑，高满政被部将所杀。突厥占据马邑，后又归还唐朝，并请和亲，624年七月，颉利可汗又率突厥军进犯原州、陇州。高祖始有迁都之念，秦王世民不同意迁都，极力劝谏。八月，突厥颉利、突利两可汗进犯原州、忻州、并州等地，关中震动，京都长安戒严，接着攻绥州（今陕西绥德），被刺史刘大俱击退。二可汗又率全部军队进犯中原，秦王世民率兵前去抵抗，在豳州（今陕西彬县）五陇阪，双方布阵。此时唐军疲惫，武器受雨，粮道受阻，秦王毅然独骑到突厥阵前，指责颉利同意和亲而今违约，又与突利谈往日结盟之事，离间二可汗关系，同时趁雨夜突袭突厥军，最后致使二可汗意见不统一，颉利不得不派突利与其夹毕特勒阿史那思摩来见秦王，请求和亲，李世民同意并与突利结为兄弟，突厥撤兵。

　　625年高祖派张瑾驻石岭，李大亮领军赴大谷，再派秦王往蒲州屯兵防御突厥南侵。八月，又令安州大都督李靖从潞州道出兵，行军总管任环驻屯太行山，以防突厥。突厥军十万余人大掠朔州，败张瑾于太谷，唐军全军覆没，张瑾逃奔李靖，温彦博被俘，囚于阴山。突厥又发兵犯灵武，灵州都督任城王李道宗击退突厥兵。突厥攻绥州后，遣使向唐请和退兵。

　　626年九月，颉利、突利二可汗合兵十余万人攻占泾州，进至武功，京都长安戒严。突厥军进攻高陵，被泾州道行军总管尉迟敬德击败，杀千余人，并俘其俟斤阿史德乌没啜。颉利又领兵至渭水便桥之北，派亲信执失思力进长安探听消息。太宗指责突厥负盟，囚执失思力于门下省。太宗亲率高士廉、房玄龄等六骑至渭水边，隔岸责颉利负约。继而唐大军赶至，颉利见状，请和，两军桥上结盟，突厥退兵。

　　627年，颉利政治混乱，各部内乱，薛延陀与回纥、拔野古等部相继叛离，颉利可汗势力更弱，加之又遇大灾，缺粮。颉利可汗又派其侄儿突利可汗前去讨伐回纥、薛延陀。突利大败而归，颉利大怒，囚禁突利，突利遂生怨言。颉利向突利征兵，突利不给，并于 628 年四月遣使赴唐求援，后突利于 629 年十二月入朝，太宗命他为右卫大将军，赐爵北平郡王。

629 年八月，太宗采纳代州都督张公瑾建议，以颉利可汗与唐结盟又援助叛军梁师都为借口，派大军征讨突厥。同月以兵部尚书李靖为行军总管，张公瑾为副总管，又以关州都督李世勣为通汉道行军总管，李靖为定襄道行军总管，华州刺史柴绍为金河道行军总管，灵州大都督薛万彻为畅武道行军总管，合兵十余万，分道出击突厥。

630 年正月，李世勣出兵云中（今山西大同市），在白道（今内蒙呼和浩特西）与突厥激战，败突厥，李靖又在阴山大败颉利可汗。颉利逃至铁山（今阴山北部），遣使请降，欲图积蓄力量来年东山再起。李靖与李世勣二将趁夜袭击颉利，李靖在阴山俘突厥千余帐，杀死突厥万余人，俘虏 10 万余人；李世勣亦俘五万余人。

颉利可汗投奔苏尼失（颉利同母弟），欲往吐谷浑时被苏尼失抓获。四月被解赴长安。

东突厥被唐灭后，尚有十万余降兵。太宗采纳温彦博建议，安置突厥降兵在幽州到灵州一带。突利故地设置顺、佑、化、长四州都督府；又分颉利故地为六州，设定襄、云中两都督府。加封颉利原旧将。至此东突厥平定，漠南一带尽归唐境。

# 拓本方法开创

初唐，人们为了将碑石上的文字、绘画复制下来，开创了拓本方法。

拓本又名拓片，方法是将纸濡湿，覆盖在石刻版面上，先用刷子将纸打入石刻的阴线凹陷处，然后用特制的扑子蘸墨扑打纸面，使墨色慢慢在纸面上拓开，直到满为止。

这种拓本方法有别于长期以来的木刻印本，木刻版是为印刷而制的，它的特点是字画都是反刻的，并且多用阳线，在版上涂墨后用纸即可印出正面成品。而碑石刻制是为了歌功颂德、表忠旌孝，并非为日后印刷而绘刻，所

贞观时期的文明

以字划是正形，只有用捶拓的方法才能得到正形成品。

唐代有一些关于捶拓石刻的记载。大诗人韦应物的诗《石鼓歌》记载了拓本的方法，墨字题跋"永徽四年八月，围谷府果毅儿"的唐拓本《温泉铭》和敦煌发现的唐代碑刻拓本等实

拓碑工具。拓碑是印刷术产生之前的一种复制碑文的手段。石鼓文拓本据说唐代已有，但未见流传，现只有宋拓本传世。这些最原始的拓碑工具现在仍在使用。

物都证明拓本方法最迟产生于初唐时期，但唐代还未出现"拓本"二字。

最先提出"拓本"一说的是宋代黄伯思，他在《东观余证》中《石经》一文称捶拓之法为"拓本"。古人搜集拓本，往往是为收集优秀书法作品，或是对碑文考异辨讹，宋氏以来，又出现对画像砖、画像石的捶拓，产生了我国艺苑中特有的一种艺术式样——石线刻画，扩大了中国美术的范畴。

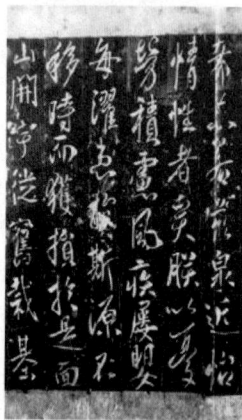

唐太宗李世民《温泉铭》

## 玄应编《一切经音义》

玄应是唐代都城长安大慈恩寺专门翻译佛经的僧人。他智慧超群，博闻强记，学识非常渊博，对汉语文字、音韵、训诂、校勘等学问都有很深的造诣。他所著的《一切经音义》大约于唐太宗贞观（627～649）末年完成。

《一切经音义》又名《玄应音义》，《新唐书·艺文志》作《大唐众经音义》，共有25卷，是为了佛教徒研习佛教经典而写作的。这部书解释了从《华严经》到《顺理正论》一共450部佛家经典，全书的体例仿照《经典释文》。每卷先列出本卷注释佛经的篇目，然后根据词语在经文中出现的秩序，依次

摘录出疑难词语加以解释。其注释方法是按音义体，先注出音切，然后解释其含义，并且引用书证来证明词义。例如：卷一，《华严》第五卷，船舶，音白，《埤苍》："舶，大船也。"《通俗文》："吴船曰艑，晋船曰舶。长二十丈，载六七百人者是也。"艑，音蒲殄反。

唐代释玄应《一切经音义》（元刻本）

玄应的《一切经音义》是流传至今的最早的一部佛经音义体注释书。它不仅是佛门弟子学习佛教经典的重要工具，也是文字训诂学的重要工具书。玄应在著书时征引广博，所引的书，除佛经梵音外，还有郑玄的《尚书注》、《论语注》，贾逵、服虔的《春秋传注》，李巡、孙炎的《尔雅注》等，保存了大量的古代文献的佚文，为后人研究训诂、考证典籍，提供了非常宝贵的资料。

## 《艺文类聚》成为文学教材

隋唐五代时期，诗歌、赋、古文、传奇、变文等文学样式都有很大发展，文人骚客不仅竞相参加文学创作实践，也为文学教育的发展作出了积极的努力。诗文教育是人们喜闻乐见的一种文艺教育方式，影响广，容量大，是隋唐五代教育的主要内容。隋唐之际，人们除了普遍学习梁朝萧统编撰的《文选》外，还采纳了别的文学教材，《艺文类聚》即为其中重要一部。

《艺文类聚》共100卷，是在唐朝高祖武德五年（622）由李渊下令编修的。受诏参与编修的共有欧阳海、令狐德、陈叔达、裴矩、赵弘智、袁朗等十余人，都是当时文坛上的精英，在文史方面均有较深造诣。到武德七年九月，《艺文类聚》

欧阳询《皇甫诞碑》

修成。全书共分46部，列子目727，约百余万言，所引用的古籍共1451种，分类整理、保存了前人遗留下来的大量诗文歌赋等文学作品，在当时主要是供学习者广泛获取丰富的文学知识或在写作诗文时参考查阅之用。

《艺文类聚》同它以前的类书或以后的大多数类书在辑存文献的方法上有一个重大的不同之点，即将"事"与"文"会编共类，创始以类事属前，列文于后的体例，改善了以往类书的偏重类事，不重采文，以及随意摘句，不录片断的缺点，有利于完整地保存自汉至隋大量的词章名篇，予后人以研究上的便利，为其他唐宋类书所不及，对后代类书的编纂具有很大影响。

在内容取舍和结构安排上，《艺文类聚》表现出鲜明的儒家正统观点及其伦理、道德、教育等主要内容。凡是与儒家思想有关的重要概念和范畴，如符命、帝王、后妃、圣、贤、忠、孝、德、让、智、孝悌、交友、言志、宗庙、社稷等都列有专题，并附有充实的诗文内容，使读者可以从多种角度去感受；在提高文学方面修养的同时，又能够加深认识儒学的基本思想和概念。如在"圣"字之下，先引用《尚书》、《庄子》、《风俗通》、《家语》、《易》、《礼记》、《毛诗》、《列子》、《论语》、《父子》、《荀子》、《淮南子》、《扬子法言》、《白虎通议》等书的解释，然后一一列举"颂"、"碑"、"论"、"赞"等自古以来各种论圣赞圣的文体。

《艺文类聚》是继《文选》之后编写的既有特色，内容又十分丰富的文学教材，为经书之外最重要的儒学教材之一，在当时及后世的文化教育领域中颇有影响。

## 《缉古算经》成书

大约在唐武德九年（626）以前，王孝通完成了现存最早系统地研究三次方程的著作——《缉古算术》，显庆元年（656）国子监开设算学馆，该书被列为教科书之一，并改称为《缉古算经》。

解三次方程在中国古代称为"开带从（纵）立方"，是开立方问题的自然推广。汉代《九章算术》中已有了一套完整而统一的开平方、开立方法。南北朝时祖冲之父子可能探讨过三次方程问题，但仅存片言只语的记载。王孝通的《缉古算经》则系统地研究了三次方程。

《缉古算经》全书为 1 卷，共 20 个题目。第一题是关于天文历法的计算问题，用算术方法解答。第二至第十四题是关于土木工程中的体积和长度计算，特别是已知某一部分的体积而返求特定的长度，因而需要列出并求解三次方程。第十五至第二十题是勾股问题，涉及三次方程和双二次方程。每个问题之后都有术文，主要是说明三次或双二次方程各项系数的算法。在一些重要术文之后还附有王孝通的自注，一般都是说明立术或建立方程的理论根据及其运算过程。《缉古算经》中没有叙述求解一元三次方程的演算程序，也没有数字计算的细草。这也许是因为当时的主要问题是如何根据实际应用问题列出方程，而一元三次方程的算法在其他书里已有记载。现在研究一般认为，求解三次方程的算法是由《九章算术》"开立方术"推广而来的，只要对"开立方术"的术文稍加修改就可得出三次方程的算法。

在古代，由于缺乏简便有效的代数符号，所以要由实际问题列出高次代数方程是相当困难的。王孝通在这方面表现出了高超的运算技巧和推理能力，他由实际问题的几何意义出发，经过一系列推导而确定方程的各项系数，推导过程中用到复杂的几何公式、勾股恒等式和代数恒等变形。算经中的土木工程问题一般都比较复杂，例如第三题的第二部分的堤防问题，就今天来看也是具有一定难度的。

《缉古算经》用三次方程解决实际应用问题这一辉煌成就不仅是中国现存典籍中的最早记述，而且在世界数学史上也是系统论述三次方程数值解法及其应用的最古老的著作，比其他国家至少要早 600 年以上。

## 魏征进谏

魏征（580 ~ 643）字玄成，唐朝贞观时期名相，因善谏而著称于世，钜鹿下曲阳（今河北晋县西）人，为唐初"贞观之治"的出现起过举足轻重的作用。

魏征从小胸怀大志，贯通书术。617 年，参加瓦岗军起义，为李密所重。次年瓦岗军被王世充打败，魏征随李密投奔李渊，遂为唐臣。武德九年（626）六月，"玄武门之变"，李世民取得胜利，次年李渊退位，李世民登基，即

唐太宗，改元贞观。太宗素重魏征之才，引为太子东宫詹事府主簿，拜谏议大夫，后相继任给事中、尚书右丞、宰相、侍中、左光禄大夫、封郑国公，晚年曾为太子太师。

魏征不仅有卓越的文治武功，而且有一套系统的政治思想，总结了历代治国安邦之道，在中国古代政治文明史上是无与伦比的。由于唐朝是在农民起义中取得统治地位的，因此魏征在奏章里经常提醒李世民"怨不在大，可畏惟人，载舟覆舟，所宜深慎"（《贞观政要·君道》），并建议李世民要"十思"，后见

魏征像

李世民渐好奢侈，又上了《论十渐疏》，指出李世民"渐不克终"的十个问题，这"十思"、"十渐"的中心思想，是要求李世民严于律己，宽以待民，不能横行恣意，以防"覆舟"之祸，这便是贞观年间与民休息政策的思想基础，李世民采纳了魏征的建议。同时魏征与唐太宗讨论如何用人时提出亲疏并举、德才兼备的用人标准："乱代惟求其才，不顾其行；太平之时，必须才行俱兼，始可任用。"（《贞观政要·择官》）这样加深了唐太宗对用人重要性的认识，使之能知人善用。

唐太宗为防止乖谬，改正错误，广开言路，求谏纳谏，魏征常为一件小事与太宗争得面红耳赤。魏征进谏所言事200多件，达数十万言，且都面对皇帝直言奏陈，他还提出了"兼听则明，偏听则暗"的政治思想，列举秦二世、梁武帝、隋炀帝"偏信"而亡的事实，说明君主"兼听"就会有天下大治，"偏信"就会造成天下大乱。在太宗朝廷上，他机智勇敢，每每犯颜进谏，虽激怒皇帝，但他神色不移。魏征能做到这一点，与他刚直廉洁的政治品格关系密切。唐太宗甚至把贞观时期的政绩归之为"魏征之力也"（《旧唐书·魏征传》）。可见魏征的批评和主张得到了李世民的接受和采纳，为唐代文明的繁荣打下基础，也为后世提供了许多可供借鉴的统治经验。

## 穆斯林建怀圣寺光塔

唐代时，旅居广州的外国人以阿拉伯和波斯人为主，他们保持自己的风俗习惯和宗教信仰。相传唐太宗贞观年间，穆罕默德近臣阿布·宛葛素由海道来广州贸易并传教，在广州城西建伊斯兰寺、塔各一，作为广州穆斯林祈祷和礼拜之所。

怀圣寺为我国最早的伊斯兰教清真寺，光塔在怀圣寺的西南角，高 36.3 米，呈下大上小的圆筒形，上面加一同形小塔；小塔上部挑出两层叠涩出檐，再加一笔头形尖顶；塔下部南北对开两个入口，有螺旋形磴道对旋而上。塔内外粉刷成白色。

怀圣寺（光塔寺），位于广州光塔路，建于唐代，我国现存最古老的清真寺之一。

光塔是中国现存最大的邦克楼之一，据传因"邦"与"光"音近，加上塔身光洁，故称光塔，又称"唤醒楼"，其主要功能是召唤信徒参加礼拜。

## 成玄英注《庄子》

唐初道学家成玄英，推崇老庄之学，致力于道教学术的研究。他吸收佛学思想，注重轻修，并著书立说，传布道教理论。他注《老子道德经》2卷、《庄子》30卷、《疏》12卷、《开题序决义疏》7卷。其中《庄子》注疏对后世影响巨大，对道教理论的发展作出了重大贡献。

成玄英以道学宗教观点注释《老子》《庄子》，重点阐释了所谓"重玄之道"。他认为道是虚无，即是"非有"，然而道生万物，又是"非无"，所以道是"非有非无，而无而有"。天地万物虽然是"有"，但以道为本体，"应道有法而生"，所以也就是"无"。因此得道之人即不执著于"有"或"无"。这即是"遗之又遗"、"玄之又玄"的"重玄之道"。这是引佛入道，用佛教"双遗法"来论证客观世界的虚幻不实，以说明"道"与"万物"，"有"与"无"

的关系。他又进一步概括说："至道深玄，不可涯量，非无非有，不断不常"，"万象森罗，悉皆虚幻，故标此有，明即以有体空"，将道说成是一个至虚至无，超越时空，至高无上，永恒存在的绝对本体。他既反对把天地万物看成实有，也反对把客观世界看成绝对虚无。所以在道教修养方法上，既反对"断情忍色，栖托山林，或却扫闭门，不见可欲"，又反对金丹法，而主张精神解脱法，即通过忘情，了悟"夫万象森罗悉皆虚幻"，"外无可欲之境，内无可欲之心"，使人的精神达到虚静而"与道为一"，不复生死。

## 王玄览著《玄珠录》

王玄览也是唐代在道教的唯心主义理论体系方面的代表人物。他原名晖，生于唐高祖武德九年（626），死于武周神功元年（697），主要著作有《玄珠录》。

他以佛教思想来充实道教的理论，具有鲜明的主观唯心主义特点。他将道分为"可道"与"常道"；"可道"生万物，万物有生死，"常道"生天地，天地能长久；"可道"与"常道"又统一不可分，故道是假又真，"道中有众生，众生中有道"；众生非道，但有"道性"，修炼心识，便能得道。他又运用佛教法相宗（即唯识宗）"万法唯识"论来解释世界与人生："心生诸法生，心灭诸法灭，若证无心定，无生亦无灭。"他指出道教修道成仙要修得一个清净不变的"识体"——"识体是常是清净，识用是变是众生，众生修变求不变，修用以归体，自是变用识相死，非是清净真体死。"

因此，他所讲的"道"生万物，实际就是"心"生万物，"空见与有见，并在一心中"，"十方所有物，并是一识知"，"心之与境，常以心为主"……根本否定客观事物及其运动变化，并把它归之于主观意识的产物，是彻头彻尾的主观唯心主义理论。

他的道学理论与成玄英同出一辙，而佛教色彩更为浓烈，明显地受佛教法相宗的影响，并套用其理论以附会以道教教义炮制出来的主观唯心主义神学理论。

# 贞观之治形成

　　贞观年间，太宗推行"偃武修文"，使百姓安乐的方针，采取轻徭薄赋、整饬吏治、健全法制等政策，努力做到虚怀纳谏，知人善任，以古为镜，取得显著效果，社会上一度出现"天下大稔，流散咸归乡里，米斗不过三，四钱，终岁断死刑才29人。东至于海，南极五岭，皆外户不闭，行旅不离粮，取给于道路焉"的兴旺景象。后人誉之为贞观之治。

　　唐太宗李世民亲自经历和目睹了隋王朝的腐朽和残暴，通过对这一历史教训的深刻总结，制订和推行了丰富的、比较顺应当时历史发展要求的政治思想和政策。隋末人民的揭竿而起

四铁人。汉民族的形成实际是多民族交融的结果。从这四尊铸于唐代，原立于山西蒲津渡桥头的铁人也可看出这一点。这四尊铁人分别代表了当时四个周边民族，正是他们给以中原为活动中心的汉民族注入了新鲜血液。

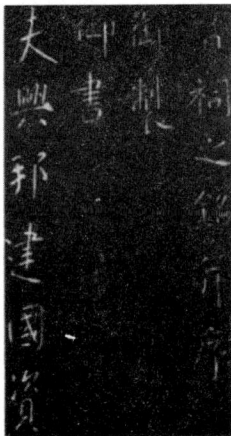

迅速瓦解了隋王朝的统治根基，使他看到了民众的力量，认识到只有重民保民，使人民安居乐业，才能巩固自身的统治。这成了他政治思想和政策的出发点。他常说君主是舟，人民是水，水可以载舟，也可以覆舟。因而解决人民吃穿问题，缓和阶级矛盾成了贞观初年最为迫切的任务。在长达十年的社会动乱和战争之后，唐初经济凋敝，城乡呈现出一派残破景象，人民生活十分困苦，国家财政也严重拮据。为了改善财政状况和人民生活，唐太宗首先实行了轻徭薄赋，与民休息的政策。当时恢复和发展农业生产的最大困难就是劳动力的严重不足，他采取了许多积极措施，如招徕、赎还隋唐之际流落到沿边各少数民族地区的汉人和被掠去的汉人，奖励男女及时婚嫁，提倡鳏寡婚配，以达到繁殖人口的目的，人口因此迅速增长。与此同时，唐太宗大力倡导节约国家财政支出，为此采取了合并省州县，精简吏员，完善府兵制等措施。他反

唐太宗李世民《晋祠铭》

唐太宗纳谏图

对隋炀帝侈奢糜烂的生活作用，放免宫女3000余人，不仅节省了宫廷费用，也使这些幽闭深宫的女子得以婚配，产生了良好的社会和政治效果。为了节省开支，唐太宗尽量避免和减少战争，以紧缩军费支出，有力地保障了农民安居垅亩，发展了农业生产。

亲疏并举、德才兼备的人才政策是唐太宗政治统治的重要保证和基础。从战争年代起，他就注重搜罗和使用各类人才，将自己政敌李建成的幕僚魏征予以重用，贞观年间的许多政策的制定都是魏征参与和策划的。当他任用房玄龄、杜如晦为丞相时，非常了解其优点和弱点，恰当地把他们的优缺点互为补充，以利于国家。

为了集思广益，纠偏补过，唐太宗建立了一套比较完整的监察和谏官制度，谏官直接参与政事，五品以上的京官在中书内省轮流值夜，以便随时召见，询访外事，讨论政教得失。魏征就是当时最有名的"净臣"，他性情抗直，敢于谏净，即使惹怒唐太宗，他也神色不改，据理力争，凡有所谏，多被唐太宗采纳。从而朝廷上下形成了一种敬贤纳谏的政治风气。唐太宗还采取一些手段奖励和笼络臣下，提高其政治热情和参政议政的积极性。在唐太宗统治的时代，科举制度得到了恢复和完善，并且最终定型下来，成为贯穿整个封建社会后期的官吏选拔制度，通过这一手段，使各阶层的优秀人才得以进入政治统治集团，使知识分子有了仕进的方便之门。

在政治统治中，唐太宗李世民特别重视伦理教化，将其作为巩固统治的精神支柱，而"仁义"则是国家盛衰、治乱的重要标志，以儒家思想为基础，建立封建等级制度和伦理道德规范，在推行礼治的同时却并不忽视法律建设，制订和实施了一系列法律、法令，我国古代最完备的法典《唐律》就是他授意房玄龄、长孙无忌修订的，表明其对刑罚还是相当重视的。

通过这一系列的政治、经济和军事政策的制订和推行，唐初政治空气开明而清廉，生产力得以迅速发展，经济空前繁荣，社会安定，人民获得了一个较为安定的政治环境，能够安心地从事劳动生产，从而创建了中世纪少见的文化灿烂、国力鼎盛富强的景况。

## 唐朝

**632A.D. 唐贞观六年**

西突厥肆叶护可汗为部下所逐，走死康居，国人立奚利邲咄陆可汗，遣使来附。

天台宗"五祖"去世。

**633A.D. 唐贞观七年**

三月，李淳风更造浑天、黄道仪成。

**634A.D. 唐贞观八年**

以李靖等为黜陟大使，分赴诸道。十一月，吐谷浑扰凉州。十二月，李靖为大总管，督五总管兵击吐谷浑。

**635A.D. 唐贞观九年**

正月，党项降者皆附于吐谷浑。四月，李靖等屡败吐谷浑，五月，又追破之，其可汗伏允欲走于阗，为部下所杀，国人立其子顺为主。靖奏平吐谷浑，诏复其国。景教由阿罗本传入中国。

**636A.D. 唐贞观十年**

正月，突厥残部答布可汗社尔击薛延陀，大败，走保高昌，命处其部落于灵州之北。是岁，更府兵制。梁、陈、北齐、周、隋诸史编成。

**637A.D. 唐贞观十一年**

正月，房玄龄等更定律令成。

**638A.D. 唐贞观十二年**

正月，高士廉等撰上氏族志，以崔氏为第一；诏更订，以皇族为首，外戚次之，崔氏为第三，凡293姓，颁行之。

**640A.D. 唐贞观十四年**

令孔颖达等撰定《五经正义》，以资讲习。十月，吐蕃赞普献金宝请婚，以宗女文成公主妻之。灭高昌国。

**632A.D.**

伊斯兰教创立人穆罕默德逝世，穆罕默德死后，门徒辑其布道之辞为古兰经，门徒公推阿布·培克担任最高领导，是为第一任哈里发（哈里发意为继承者）。

**636A.D.**

阿拉伯雅尔牟克一役，瓦利德对拜占庭获得决定性之胜利。

**637A.D.**

阿拉伯攻陷波斯首都忒息丰，征服波斯大部。

**640A.D.**

阿拉伯人在亚历山德里亚发现藏书30万册的图书馆。

## 长孙皇后贺谏

　　唐太宗皇后长孙皇后，性情贤孝俭朴，喜好读书，做事遵循礼节。经常与太宗从容谈论古事，并提出多种建议，对太宗很有帮助。在为秦王妃时，长孙氏就孝敬高祖，秦王与太子建成、齐王元吉有隙，长孙氏亦常从中劝慰。

　　贞观六年（632）三月，长孙皇后亲女长乐公主将出嫁。因太宗对长乐公主宠爱至极，所以陪送的嫁妆比永嘉长公主（高祖长女）多一倍。魏征极力劝谏，太宗从之，并以此事告知长孙皇后，皇后赞同太宗采纳魏征的意见。另一次，太宗退朝后，面带怒容对皇后说："我迟早会杀死这个乡下佬。"长孙皇后忙问太宗何故，太宗告知皇后，魏征在朝廷上公然强谏令其受辱。皇后听后退而更换朝服向太宗表示祝贺，说："我知道皇帝英明则臣子必正直，今日魏征敢于直谏，原因就在于皇帝的英明，所以我不敢不向你表示祝贺。"太宗听后转怒为喜，更加喜爱魏征的正直。太宗有时无故斥责宫人，长孙皇后等太宗息怒后，便依宫中律令，公正裁决。长孙皇后生活节俭，不徇私情。皇后于贞观十六年（642）六月病重，弥留之际仍劝太宗纳忠容谏，不要听信谗言，重新起用房玄龄，减省畋猎和营建，勿宠外戚，丧事从简等。二十一日长孙皇后卒，年三十六岁。十二月，太宗建昭陵，谥文德。自制表序，立于墓旁。太宗览皇后集古妇人之得失而编成的遗著《女则》，更悲叹失良佐。

## 唐平吐谷浑

　　吐谷浑又叫吐浑，原是鲜卑族的一支，公元4世纪初，首领吐谷浑率部众从辽宁西迁到今甘肃、青海间，到其孙叶延，开始以吐谷为姓氏。南北朝时分属于宋、齐、北魏。隋唐时，吐谷浑渐渐强大。唐太宗贞观六年（632），吐谷浑搔扰兰州，被州兵赶走。此后，吐谷浑伏允可汗一边向唐派遣使节进贡，一边又大肆掠夺鄯州（今青海乐都）。太宗遣使责备伏允，并征其入朝，伏允托病不去，但派其子尊王到唐朝请求和亲。太宗答允后，尊王又不亲自来迎亲。伏允还多次进犯唐边。太宗怒，于贞观八年（634）六月，任命左骁卫大将军段志玄为西海道行军总管，以左骁卫将军樊兴为赤水道行军总管，带边境部队及契苾、党项族人马两路出击，大败吐谷浑，追击八百里才返回。九月，吐谷浑又侵犯凉州（今甘肃武威）。太宗大怒，下诏大举征讨吐谷浑，命李靖为西海道行军大总管，节度诸军，任兵部尚书侯君集为积石道行军总管，刑部尚书任城王李道宗为鄯善道行军总管、凉州都督李大亮为且末道行军总管、岷州都督李道彦为赤水道行军总管、利州刺史高甑生为盐泽道行军总管，以及突厥、契的军队分路攻击吐谷浑。贞观九年（635）闰四月，李道宗在库山大败吐谷浑。李靖将军队分为南北两路，各部大败吐谷浑，契丹首领何力仅领千余精骑，突袭吐谷浑的牙帐，杀吐谷浑军几千人，伏允逃走，其妻被俘获，获牲畜 20 余万头；侯君集率兵追击伏允可汗到柏海才回师。伏允欲逃向于阗，被部下杀死。吐谷浑人立伏允儿子慕容顺为可汗，顺请求降唐。太宗下诏恢复吐谷浑国，以慕容顺为西平郡王。至此，吐谷浑完全平定。

# 唐定律、礼令

贞观十一年（637）正月，太宗下诏令房玄龄制定律令。房玄龄定祖孙与兄弟连坐都配役，并制定律令五百条，定立刑名二十等，比隋朝律令削减大辟九十二条，减流刑为徒刑的有七一条；往朝的死刑亦被削减大半，由重变轻，削繁为简的条目更是不胜枚举，总共定律令一千五百九十

犀牛石雕。初唐时代表性的作品。

多条，并确定刑具枷、杻、钳、镴、杖、笞的长短、宽窄。还删除武德以来的敕格，保留七百条。律令于贞观十二年（638）正月正式颁行。

同年，太宗令中书令房玄龄、秘书监魏征等礼官、学士修改旧礼制，制定《新礼》，所定《贞观新礼》总共一百三十八篇，其中《吉礼》六十一篇、《宾礼》四篇、《军礼》二十篇、《嘉礼》四十二篇，《凶礼》六篇、《国恤》五篇。《贞观新礼》共分为一百卷，于贞观十一年（637）三月颁行天下。

## 虞世南去世

虞世南（558～638），字伯施，越州余（馀）姚（今浙江省）人。官至秘书监，封永兴县丞，世称虞永兴。唐初文学家、书法家。他博学善长文词，尤工书法。书法亲承王羲之七代孙僧智永传授，继承二王（王羲之、王献之）之书法传统，笔致外柔内刚，圆融遒丽，与欧阳洵、褚遂良、薛稷并称初唐四大书法家，有碑帖《孔子庙碑》传世。此外，虞世南在任隋秘书郎时，编有《北堂书钞》，共160卷，摘录群书名言隽句，供当时作文采摭词藻之用，分类编排，共852类。虞世南于贞观十二年（638）末卒。

虞世南《汝南公主墓志》

## 西突厥分裂

582年，突厥分裂，东突厥始波罗可汗占金山以东的原突厥领地。西突厥达头可汗则占有今新疆和中亚大部分地区。西突厥地处中亚交通要道上，对唐与今东罗马、伊朗、印度等国的经济文化交流起关键作用。

唐贞观八年（634）十二月，西突厥咄陆可汗卒，咄陆弟弟同娥设即位，即沙钵罗咥利失可汗。他将其国分为十部，每部设一名酋长，各赐箭一把，把十部称为十箭。又分为左、右厢，左厢号称五咄陆，设置五大"啜"，居住在碎叶（原苏联中亚托克马克附近）以东；右厢号称五弩失毕，设置五大"俟斤"，居住在碎叶以西，两部分合称十姓。咥利失逐渐失去民心，被他的臣下统吐屯袭击，咥利失可汗被击败，想逃往焉耆。统吐屯想立欲谷设为大可汗，恰逢统吐屯被人杀死，欲谷设也兵败。咥利失可汗又返回，据

唐《蛮夷执贡图》

有其原有土地。到贞观十二年（638）末，西部五大"啜"立欲谷设为乙毗咄陆可汗。咥利失可汗发兵与欲谷设大战。因而西突厥又再次东西分治。欲谷设占据伊犁河以西土地，咥利失可汗则占有伊犁河以东土地。

由于西突厥又分东西，史称原居金山以东的东突厥（如颉利、突利）为"北突厥"与"突厥"。

# 孔颖达撰《五经正义》

贞观十四年（640）二月，唐太宗李世民为提倡教育、推尊儒学，命孔颖达撰定《五经正义》。

孔颖达（574 ～ 648），字仲达，冀州衡水（今属河北）人，唐代经学家。少时从刘焯学习，曾任隋河内郡博士。唐朝任国子博士、国子司业、国子祭酒诸职。

贞观年间（627 ～ 649），因儒经师说多门，太宗下诏令孔颖达撰写《五经正义》以资讲学。《五经正义》共 180 卷。所选注本基本参照陆德明的《经典释义》作法，以全国通行注本为准：《尚书》注主要以伪孔安国传；《诗经》主要用毛公

孔颖达像

的传和郑玄的笺，刘焯、刘炫的义疏；《礼记》主要用郑玄注，皇侃的义疏；《左传》主要用杜预注，刘炫的义疏；《周易》主要用王弼注。疏证依据"疏不破注"的原则对选定的注释进行阐发、证明和补充。

在《五经正义》中，为了更好地考证词义，孔颖达有时用古文献资料来考证词义，有时根据音义关系考据词义，有时根据词义之间的关系考据词义，有时利用说明训释词与被训释词之间的意义关系的方法考证词义，有时又利用语境证明词义。在疏证中，孔颖达十分强调儒家的"礼"，提倡尊卑贵贱的区别。他在《礼记正义序》中说礼是人生最大的事情，没有礼无以辨君臣长幼之序位，为了提高"礼"的地位，孔颖达甚至把"礼"说成是先于天地

产生，并将与天地共存的东西。

在哲学思想上，孔颖达受曹魏玄学家王弼的影响，将"虚无"视作宇宙万物的本原。他宣称"万物之本，有生于无"，"无阴无阳谓之道"，提出了"先道而后形"的思想，对宋代的程朱理学产生了很大影响。

以孔颖达《五经正义》为代表的二度注释的出现，标志着考据工作已经成为传统训诂学的一项重要内容，使传统训诂学进入了一个崭新的阶段。

《五经正义》从内容上看，其《诗》主毛诗，《书》主古文，《易》用王弼一派，《礼》注重《礼记》，《春秋》则偏重《左氏传》，基本上以古文经为主，结合了一些隋唐经学研究的成果，由于依据的传注不同，又疏散驳杂，一般认为，其中以《毛诗正义》、《礼记正义》为优。通过唐初一批名儒对《五经正义》的编撰，对两汉魏晋南北朝以来的经学作了总结，结束了经学内部宗派的纷争，后世学习研究儒家经典，多依据该书的内容和释义，经学从此获得了空前的统一，这是经学史上的一个进步，它为宋元明新儒学准备了条件。另一方面，其偏重训诂考据而轻视思辨和发挥，虽然给教学、考试带来一定便利，但同时大大束缚了思想的发展，士子们习经应试都墨守《正义》，不敢另立新说，经学于是形成一个僵化的模式。《五经正义》在唐代及至后代的经学教育和科举考试中一直占据统治地位，为统治者所倚重。

## 停止刺史世袭

贞观十三年（639年）三月，唐太宗李世民下诏停止刺史世袭。

贞观五年（631年）十月，太宗召群臣商议封建，魏征、李百药均认为有害无益。十一月，太宗下诏议定皇亲、宗室、勋贵大臣的等级，令他们各统一方，世代相传，除非犯有大罪，否则世袭。贞观十一年，太宗封荆州都督、荆王李元景等21王为世袭刺史，又以功臣长孙无忌等14人为世袭刺史。左庶子于志宁上疏认为世袭刺史不是久安之道。御史马周说，尧舜之贤，犹有不肖子孙，世袭之后代倘有骄纵，岂不祸国殃民，与其危害百姓，不如停止世袭。长孙无忌也坚持不愿前往受封之地，又请其儿媳、太宗宠爱之女长乐公主劝谏太宗。认为前代封建，乃是国力不够强而为之，汉代置侯即是如此。而且若世袭的后代有不肖子孙，冒犯刑宪、自取诛夷，或因延世受赏，招致宗族剿绝之祸，都是十分可悲的。长孙无忌坚决辞让。太宗于是在贞观十三年（639）二月下诏停止世袭刺史。

## 法琳撰《辩正论》

法琳（572 ~ 640），俗姓陈，颍川人，唐代著名高僧。法琳少年出家，博学佛释经书。隋朝末年也曾专门研究过道教典籍。贞观十一年（637），太宗下诏先道后释。法琳等僧上表力争，太宗下令宣敕严诫。道士刘进喜、李仲卿于贞观十三年（639）分别著《显正论》、《十异九迷论》等，贬斥佛教，法琳撰《辩正论》予以反驳。刘进喜等奏告《辩正论》诽谤皇室，太宗乃下敕淘汰僧尼，并判法琳死罪，后改判放逐益州（今四川成都），法琳未及到益州，便于贞观十四年（640）死于途中。

## 唐农业生产力提高

唐代，由于社会安定，战乱减少，统治者又实行了休养生息政策，社会经济各方面都有所发展，农业生产力也相应提高。

唐王朝十分注重扩展耕地面积。耕地数量的增加是农业生产恢复的重要标志。唐代虽实行了均田制，但对于受田之外的荒地开垦，不仅不加以限制，而且还予以鼓励。如本来规定均田制下口分田严禁买卖，但只要是从狭乡迁到宽乡去垦田辟地，那么这条禁令就不再适用。《唐律》中规定荒废耕地要加以处分，对于占田过限的，只要属于开垦荒地性质就不算犯罪。政府的这种态度，明显地为荒地的开垦和水土资源的开发创造了条件。

隋唐以前的漫长岁月里，水土资源的开发呈如下趋势：沿着由北向南的方向逐步向外延伸，由中原向两淮，由两淮向江南，由江南到岭南，至唐已经扩展到南海之滨，而且由原先开发可耕平地发展到围水造田，开山辟田。唐代更向造田的深度进军。开始于南朝的围田，到唐代成为开发水土资源的

唐擀面女俑。女俑身着红色圆领衫，下穿绿色长裙席地而坐，双手按在擀面杖上正在擀饼。泥俑系手塑绘彩，造型质朴简拙，但人物的动态神情生动逼真。

牛耕图。陕西三原李寿墓壁画。

一个重要项目，这种方法比过去"决湖以为田"的方法更为科学，因为它不再大规模地破坏生态平衡，而是保留水源以利灌溉，因此在兴修农田水利的同时，也将许多良田沃土垦辟出来。玄宗时张九龄开河南水屯百余处；武宗会昌期间，下令凡开辟荒山泽地，五年内可免税。特别是江南农民，在低洼地区兴修水利时，修建了许多堤堰和水门，也开辟、灌溉了大量耕地。

唐代造田的另一个方向是山地，在人口压力日益增大、平原开发殆尽的情况下，开发山地成为必然。唐代耕垦山地的多是近山农民，因为土地兼并十分激烈，大庄园制日益发展，开垦山间小块土地正适合贫苦农民的需要。开山的方法则与前代无异，称为"烧畲"、"火田"或"火耕田"，即先用畲刀将草木砍倒，纵火焚烧，然后在草木灰中候雨下种，三年后地力衰竭不能再种，就另选一处重新开垦。这种方法虽然能暂时获得一些耕地，却因植被破坏，给环境造成恶劣影响。尽管如此，开山作为造田的一种重要方式一直在发展，并且由此产生了一些地处荒田僻野的县治，如夜郎县（今四川）、古田县（今福建）等的设置都是山地开垦、人口发展的结果。

唐代北方仍普遍实行汉代以来就已定型的轮作复种制，发展不大。而在南方则大有改进，出现了稻麦轮作复种的一年二熟制，并且已大量栽培双季稻，形成水稻的一年二熟制。

各类粮食作物品种在粮食总产量中所占的比重也在唐代发生了一些变化，水稻的比重有较大的增长。隋代大运河的开凿，为稻谷的北运创造了条件，使生产稻谷的江南经济区更受倚重。唐代江南水稻种植迅速扩展，唐初每年北运稻谷不过 20 万石，以后日渐增多。到唐玄宗时，每年北运稻谷达 200 ~ 300 万石，标志着水稻在各粮食作物中地位已十分突出。另一方面，由于江南普遍实行稻麦轮作复种制，小麦开始在南方得到普遍种植，改变了原先南方单一播种水稻的局面。南方种植小麦，使水田以外的旱地也得以利用，促进了粮食生产的多样化，也适应了北方人口南移的需要。

唐代另一个标志农业发展的特点是经济作物广泛种植，并发展成一个独立部门。其中，茶叶种植及其商业化最值得注意。唐代饮茶之风传播很快，遍及全国。陆羽的《茶经》对茶叶的产销、焙制、饮法等都作了详细介绍，并品评各地名茶优劣，对饮茶之风起到推波助澜的作用。江南各道都种植茶叶，茶叶的生产已成为农业生产的重要部门，唐政府继食盐专卖之后，又实行了榷茶制度。除茶叶外，传统经济作物桑、麻等的种植也有所发展，甘蔗、水果、花卉、药材生产也发展很快。

衡量农业生产发展最直接的标准是生产率，也就是粮食亩产量，唐代亩产量比前代有所增长，比汉代提高了四分之一，这是农业生产发展的重要标志。

唐代农业经济在广度和深度上的拓展都是引人注目的。一方面水稻与小麦的种植面积和总产量都迅速上升；另一方面，粮食作物的种植不再是唯一选择，出现了大量专为销售的经济作物。另外，农业生产率也有较大幅度的提高。

## 唐代变文流行

变文是唐代通俗文学形式之一，简称"变"。它是在佛教僧侣宣扬佛理的所谓"唱导"的影响下，继承汉魏六朝乐府诗、志怪小说、杂赋等文学传统逐渐形成的一种文体。其特点是有说有唱、韵白结合、通俗易懂、接近口语。题材则以佛经故事为多，也有一部分选自历史故事和民间传说。这种文学样式，是在敦煌藏经洞发现大批手抄写本变文后，才逐渐为人们所认识和重视的。

唐说唱俑

和南北朝"唱导"一样，唐代早期的变文是以讲经形式和民间说唱形式相结合来演绎佛经神变故事的。它首先出现于佛门，是把佛教经典艺术化、形象化的产物。僧人在讲解深奥的佛理经义时，逐渐加述了一些历史故事和现实内容，以使其通俗化，即以佛经为本，以"变"助讲经，也就是把经义演变成文，即变文。后来还出现了专门讲唱故事的俗讲僧。中晚唐时期，长安城内许多寺庙经常进行俗讲，场面极之隆重盛大，听众人头涌涌。这种俗讲变文在流传过程中逐渐脱离原来的轨道，非宗教的现实内容日益增多，终于走出佛门，进入民间，于是出现了以专唱变文为职业的民间艺人。这些人进而创作出许多以历史故事、民间传说和现实生活为题材的变文，而讲唱场地也逐渐多起来，不仅可与各种杂戏一起在"戏场"演出，而且还出现了专门讲唱变文的"变场"。

在讲唱变文时还配有插图。图画、音乐和讲唱相互配合，使变文成为一种向综合性艺术过渡的、具有较强感染力、为群众所喜爱的文学表现形式。它除了叙事曲折、描写生动、想象丰富、语言通俗外，体制上韵文与散文相结合是其重要特点。

其韵句一般用七言诗，间杂三言、五言、六言句式。散文多为浅近的文言和骈语，也有使用口语白话的。它或者以散文讲述故事，而以韵文重复吟唱；或以散文串起情节，而用韵文铺写情状，相互补充。

敦煌变文包括讲唱佛经故事的《维摩诘经变文》、《大月乾冥间救母变文》、《降魔变文》等和讲唱世俗故事的《伍子胥变文》、《汉将王陵变文》、《舜子至孝变文》、《王昭君变文》、《孟姜女变文》等。

## 隋唐宫廷燕乐鼎盛

燕乐，亦称"宴乐"，一般指中国隋唐至宋代宫廷宴饮时所用的供娱乐欣赏、艺术性很强的歌舞音乐。

"燕乐"一名，始见于《周礼·春宫》。系指天子及诸侯宴饮宾客时所用的音乐，由后妃在宫中演奏，故亦称"房中乐"，其歌词俱载于《诗经》的《周南》、《召南》中。汉代宫廷中也有"房中乐"，这些都是雅乐的一部分，性质与唐、宋燕乐不同。广义的燕乐，如北宋沈括在《梦溪笔谈》中所言，"先王之乐为雅乐，前世新声为清乐，合胡部为燕乐"，是指汉族俗乐与外来（外国或外族）音乐的总称。而狭义的燕乐则专指唐十部乐第一部，即张文收所作的燕乐。

从唐初到开元、天宝时期（618～756）的百余年间，社会空前繁荣安定，形成两汉以后封建社会的最伟大时代，文化艺术也发展到高峰。音乐艺术则以新的宫廷音乐燕乐为中心，并且容纳了更多的外来音乐，在几个嗜好音乐的皇帝的提倡下，得到了很大的发展。

唐代乐舞群俑。作品真实地展现了唐代宫廷乐舞的情景。

隋、唐时期几个君主成为宫廷音乐的组织者。隋炀帝（杨广）好尚奢侈，集中了六朝以来流散在各地的乐工，常常做极豪华的表演；隋亡后，唐太宗（李世民）宫廷中也有大规模的音乐舞蹈表演，如用120人表演《破阵乐》，借此赞扬他的武功；唐玄宗李隆基是一个精通音乐的皇帝，既能作曲，又是打羯鼓的能手，他精选乐工数百人，在宫中亲自教练，称为"皇帝梨园弟子"。这个时期的宫廷音乐规模更大，艺术水平更高，许多有名的大曲都在这个时期形成。

隋唐时期设有规模宏大的宫廷音乐机构。隋炀帝有专业乐工3万人，以太常寺辖之。唐玄宗时宫廷中乐工多至数万人，设"教坊"5所加以管理。又设"别教院"，专门教练宫廷音乐创作人员，下设梨园、宜春院、小部等三部。

唐代乐舞群俑局部

教坊和别教院是音乐人才荟萃的处所，成为音乐活动的中心。

隋炀帝时把大型的宫廷乐队按照所演奏乐曲的来源，分为"九部乐"。包括：清乐（传统音乐）、西凉（今甘肃）乐、龟兹（今新疆库车）乐、天竺（印度）乐、康国（今新疆北部及中亚）乐、疏勒乐、安国（中亚细业）乐、高丽乐、礼毕乐（最后演奏，一说即文康乐）。唐初改为"十部乐"，包括：燕乐（杂用中外音乐）、清商伎（传统旧有音乐）、西凉伎、高丽伎、龟兹伎、安国伎、疏勒伎、康国伎、高昌伎。清乐或清商伎，保存了汉魏以来的传统音乐。其他以外族名称立名的乐部，隋有七部，唐有八部。它们所演奏的乐曲是根据外来音乐重新创作的，并保存了较多的外来音乐的面貌，仍冠以外国或外族之名。

唐玄宗时将十部乐改为"坐部伎"和"立部伎"两部。坐部伎在室内演奏，人数较少，乐器声音较清细，乐师需要有较高的技艺。立部伎在室外立奏，人数较多，乐器声音较大，常是很喧闹的合奏，故技艺上要求较低。坐部中不合格的降入立部，立部中不合格的则降到雅乐队中去。

唐朝的燕乐中，最突出最辉煌的是大曲。这是在乐府音乐和外来音乐的基础上，经过乐师们的创造而发展起来的，综合了歌唱、器乐和舞蹈等的大规模音乐，它完成于唐代的极盛时期（开元、天宝年间），集中地代表了燕乐的成就。大曲中的"法曲"更是大曲中的精致绚丽部分。

隋唐时期各族乐工在互相学习、协作的过程中，还共同创造了一套记谱法和一套宫调系统。这套记谱法在早期是半字谱，后期发展为比较完备的俗字谱，这些字谱的读音就是后世工尺谱的读音。

安史之乱后，唐代宫廷音乐衰落，宫廷音乐家们多流落民间献艺谋生。五代时的南唐及后蜀的宫廷中荟集了一些乐工，但终未能恢复唐朝的规模。北宋时，虽仍立教坊，沿用唐时旧曲，但规模大为缩减，至南宋时更已极度衰微。此后音乐发展的主流已转到新兴的市民艺术（戏曲、说唱、城市歌曲等）中去，宫廷音乐无论燕乐或雅乐，都已失去发展的势头。

## 彩胜兴盛

隋代剪纸作为一种民俗，它的艺术水平却大致和南朝时一样，只不过在形式上多添了燕子等花样。记载中的用剪彩、缕金箔来帖饰屏风，做成彩胜互相赠送等都是岁时的风俗活动形式。

唐代的剪纸艺术在此基础上得到了更大的发展。彩胜除了做民间馈送之物，还被皇帝当作"立春"日的恩赐之物赏给臣属。据载：正月八日立春，内出彩花赐近臣。孙思邈的《千金月令》里也记述了这种状况：唐制，立春，赐三省官彩胜各有差。唐朝皇帝赐给群臣的是用金箔、五彩绸帛做成的彩胜，开了浪费财物的风气，臣属纷纷仿效，挥霍的程度更胜一筹。宰相元载就是其中一例，他的宠姬薛瑶英在七月七日让众婢女用轻盈五彩的绸帛剪成连理花，并用阳起石染色，中午时把它们散开放在庭院中，彩胜随风而上，天空像是飘满了五色云霞，这是《妆楼记》里记载的。唐代彩胜的兴盛在诗文中也有所表现。比如大和年间进士李远的两首诗。一首题为《彩胜》：

剪彩赠相亲，银钗缀凤真；双双衔绶鸟，两两度桥人。叶逐金刀出，花随玉指新；愿君千万岁，无岁不逢春。

诗中描绘了剪纸的情况和剪出的各种花样，是有关剪纸的诗文资料。但李远的诗和其他唐人诗文一样反映的多是用彩帛和金箔剪制而成的，而普通平民剪纸的文献资料却不多见。唐代的剪纸实物除出土的之外，传之于世的只有一片华胜残图。

唐代彩胜的盛行，为剪纸艺术的流传和应用起了启发作用。

## 富有中国民族特色的敦煌佛教艺术宝库形成

公元 4 世纪以来，历代王朝不断在敦煌地区开凿石窟，使之逐渐形成了一座博大精深，融建筑、壁画、雕塑为一体，堪称世界上保存最好、富有中国民族特色的佛教艺术宝库。

敦煌是位于西北交通要道的一个边陲重镇，是古代东西方文化交流的必经之地，是汉武帝已建立的河西四部之一。两晋时代，这里已有佛教活动。前秦建元二年，乐僔和法良两位僧人开始在此建窟。最早的石窟为西域式穹窿顶向覆斗藻井过渡的殿堂窟。275 窟为纵长人字披顶殿堂窟，南北两壁还保留有汉式阙形龛。表明敦煌石窟一开始就形成把西域石窟与中原宫阙建筑结合起来的构筑范式。

敦煌—酒泉地图

盛唐时期敦煌384窟彩塑一铺。此窟西、南、北三壁开龛，三龛共有十五身盛唐彩塑佳作。图为西龛一铺九身，为石窟造像最完备的组合形式。配合内容丰富、绚烂夺目的壁画，形成生动活泼、优美和谐的壮丽场面。

贞观时期的文明

唐敦煌佛头部造像

北魏时期，西域保持了相当长时间的相对稳定，崇佛之风迅速蔓延，石窟被大量开凿。在整个北朝，共开凿石窟40座，其中北凉7座、北魏8座、北周15座、西魏10座。窟型已逐渐由覆斗藻井殿堂窟代替了中心柱窟。

隋统一南北以后，经济得以迅速发展，为了防御突厥的侵扰，隋炀帝锐意经营西域，敦煌的商贸活动十分繁荣。崇信佛教的隋文帝、隋炀帝对开凿石窟十分热心，在短短的三十七年间，共开凿石窟80座，敦煌艺术宝库已初具规模。

北朝时期的洞窟窟形主要有平面长方形或方形，正壁开龛，两侧壁附有方形小禅室，窟顶平顶和覆斗形顶的禅窟，有平面长方形，中后部凿有连顶接地的方形塔柱，柱的四面开龛造像，前部人字坡形顶，后部平顶的中心塔柱窟。还有一种是平面方形；正壁开龛造像或仅造像，个别窟两侧壁开列龛，覆斗形顶或人字披形顶的殿堂窟。隋朝除沿袭这些建筑格局外，规模更趋阔大恢宏，有以倒塔式须弥山为中心柱者，四龙旋绕，环列千佛，形式新颖，内容独特。

壁画是敦煌莫高窟及其他洞窟的艺术主体，是研究那一历史阶段不可或缺的宝贵资料。北朝壁画主要有4种类型。其一是佛像画。有佛、菩萨、弟子、天宫、伎乐、金刚力士等。其二是佛经故事画。有佛传故事画，描述释迦牟尼一生或某些主要事迹的传记故事；本生故事画为释迦牟尼前生作各种善行救渡众生的故事，如尸毗王割肉贸鸽；萨埵太子舍身饲虎；须达拿乐善好施等13种；而因缘故事画，则为佛度化世人或外道皈依佛教的故事，如沙弥守戒自杀、五百盲贼得眼皈依等9种。故事画有单幅情节、单幅多情节、多幅连环画等形式。其三是传统神话传说画如东王公、西王母、伏羲、女娲、羽人、飞廉、风神、雷公、雨师、辟电等。最后是供养人画像，也就是出资开窟造像者在窟内画出自己和眷属供养佛菩萨的形象，其身份有王公贵族、世家大族、僧侣以及少数民族等。形象不满一尺，千人一面，排列成行，绘于四壁下部，像前有题榜，题写供养人的姓名、籍贯、职衔。

隋代壁画处于向民族化转变的过渡时期，内容上故事画日渐减少，而经变画正在增多。《法华经变》、《药师变》、《维摩变》、《弥勒变》等相继出现。以汉式宫阙表现弥勒净土，弥勒菩萨交脚坐于宫殿内，两侧的垂楼高阁中着霓裳羽衣的天女弹琴奏乐，载歌载舞，楼阁之外，菩萨摩顶受戒，天女凌空散花，构成一幅幅新颖画卷。隋代人物造型，逐步走向写实，其面相丰润而多样，比例适度，上身多着僧祇支，腰束锦裙，衣裙遍饰波斯风织物花纹，金碧辉煌，灿烂夺目，使隋代菩萨别具风格。

唐敦煌菩萨彩塑。利用垂直伫立构图与"S"形构图，塑绘同倡，形质并茂。反映了古代匠师塑绘结合的高度纯熟的技巧。

敦煌石窟的彩塑分为圆塑和影塑两种，圆塑包括主像和其两侧的胁侍像，主像有释迦牟尼、弥勒、

唐敦煌《大势至菩萨》壁画

唐敦煌《维摩诘经变·维摩诘》

释迦多宝并坐像等，胁侍像早期为二菩萨，晚期增二弟子；影塑有粘贴于中心塔柱和四壁上方的供养菩萨、飞天、千佛等。此时彩塑体态健硕，神情端庄宁静，姿态简单，风格简朴厚重。

**031**

唐敦煌《天请问经变局部·菩萨》壁画

敦煌244窟隋代大型"三世佛"（过去、现在、未来）彩塑。释迦袈裟轻薄贴体，弥勒及弟子、菩萨衣饰华丽，配以内容丰富的壁画和绚丽的色彩（变色），绘塑交融，结构谨严，气氛热烈而和谐。

唐敦煌《观无量寿经变局部·舞乐》壁画

唐敦煌《劳度叉斗圣变局部·风吹女外道》壁画

唐敦煌《法华经变局部·药草喻品》壁画

唐敦煌《供养菩萨》壁画

历经北朝和隋朝的敦煌石窟，规模不但扩大，而且艺术积淀已显得十分厚实，标志着这座中华民族的艺术宝库逐渐形成，为它在唐代走向成熟和辉煌奠定了坚实的基础。至唐代武则天时，已有窟室千余龛。现尚存北魏、西魏、北周、隋、唐、五代、宋、西夏、元各代壁画和塑像洞窟 492 个，壁画 45000多平方米，彩塑 2455 身。

## 隋唐三教并用

汉末经学统一局面彻底崩溃以后，历经魏晋六朝，宗教政策因国而异，在很大程度上受皇帝个人信仰和兴趣的左右而摇摆不定，多数统治者倾向于保持儒家正统地位而兼容佛、道二教，显然无法形成统一而成熟的宗教政策。隋、唐时期，大一统政治迫切地需要宗教政策与之相适应，三教并用的宗教政策逐渐形成。

随着隋唐政权的建立，统治集团的内部矛盾得以缓解，制定普遍适用于全国的宗教政策的政治条件基本具备，学术上表现出调和儒道佛的倾向。从隋文帝开始，就采取了一系列三教并用的政策。在对前朝速亡教训进行深刻总结的同时，隋唐统治者认识到严刑峻法导致阶级和社会矛盾加剧是历代王朝寿数不长、国运不强的根本原因。因而缓和社会矛盾，稳固

《三教图》清代丁云鹏绘

政权的最有力的武器就是清简法令，施行相对开明的政策。他们因此提倡儒学，企图用儒家忠孝伦理思想规范人们的道德和行为，增强民众对封建王朝的向心力。

隋文帝杨坚曾说儒学教人以父子君臣之义尊卑长幼之序的"礼"。魏晋以来南北对立、战乱频仍的根本原因乃是儒学衰微，仁义孝悌沦丧。因而令杨素、牛弘修定五礼。振兴儒学，重整礼治，使儒学赞理时务，弘扬风范。大力倡办各类官学以传习儒学经典，招纳儒士，给予重用。隋王朝还搜求整

理儒家及各党派典籍，以经、史、子、集四类编排，取代了原有图书分类学的七略之法，为后世所继承。首创了科举取士的人才选拔制度，使学者奔走于道路，儒士云集中州，儒学达到汉末以来的鼎盛局面。作为杰出政治家的唐太宗也笃信儒学，即位以后，一直采取"偃武修文"政策，尊孔子为先圣，颜渊为先师，设置弘文馆，精选天下文儒之士。在政事之余，讲论经史，有时直至深夜。全国各地的儒士都抱负经籍，云集京师。儒生多达 8000 多人，儒学达到前所未有的高潮。

对于佛道二教，隋唐统治者也采取开放的政策。曾在佛寺中成长过的隋文帝杨坚，认为隋王朝因佛而兴。因此，吸取北周武帝禁绝佛、道的教训，大兴佛、道二教。而不信佛、道的唐太宗，在吸取南北朝统治者信奉佛教而未能达到安定治理目的的教训时，看到了佛教教义和儒家君臣、父子、夫妇的纲举伦理之间的矛盾和僧侣特权制度给国家利益，诸如赋税、劳役、兵役带来的损害，采取了既尊重和利用佛教，有效地加以抑制的政策，为了达到这一目的，他有意提高道教以平衡佛道势力，同时也借道教始祖老子李耳以提高李姓的地位，对能辅助王政的佛、道加以奖励，常诏令儒学重臣与佛、道领袖在宫廷和公开集会上进行讨论，儒释道三教并立的局面最终形成。但儒学仍被看作与国家兴亡攸切相关的大事而受重视。

在这种兼容并包的文化及宗教政策影响下，各种宗教都得到了较充分的发展，佛教在这时达到了极盛并形成了若干中国式的佛教宗派，教义哲理也有重大创造和飞跃发展，出现了一大批高僧大儒。求法、译经和佛典著述以及传教活动空前活跃。

除了儒、道、佛三教并重外，唐朝统治者对各种宗教如伊斯兰教、景教、摩尼教、火祆教也采取相当宽容的态度，以尊重外国商人、使者、侨民的不同宗教信仰，多教共存的局面一直保持到唐中期以后。

然而，三教之间依然时常有斗争，有时甚至相当尖锐，但斗争多集中于辩论宗教的利国还是危国的问题而非教义的内容本身，这进一步说明宗教的政治附庸性质，政治利益是意识形态的终极目的。与这种斗争本身相比，南北朝以后三教合流、多数共存是时代的主流，唐太宗正确地处理好了这一时期的宗教政策，使其最终成熟，奠定了唐王朝政治、经济繁荣的思想基础。

# 字样学兴起

唐代初期，在唐太宗的积极倡导下，以统一楷书字体为目的的字样学应运而生，出现了大量的字样学著作。其中对后代影响最重大的著作有颜师古的《字样》、杜延业的《群书新定字样》、颜元孙的《干禄字书》、欧阳融的《经典分毫正字》、唐玄度的《开元文字音义》、张参的《五经文字》和唐玄度的《新加九经字样》等。

唐代张参《五经文字》
（后知不足斋丛书本）

魏晋南北朝时期，由于政治分裂、战乱纷扰、南北阻隔以及汉字形体正处于从隶书到楷书的交替阶段，造成了汉字使用的混乱，人们越来越缺乏文字规范的概念，用字非常随意。文人在写字时随便改变笔画，自造字体，各种俗体字、异体字不断产生并四处流通，连严肃的著作甚至经典中的用字也异体歧出。用字不规范，异体繁多，用字标准不统一，严重地影响了文字功能的发挥，给人们学习和使用文字造成了极大的困难，思想更难于统一。北齐的颜之推呼吁过统一南北的字体，但直到隋唐国家统一、政治稳定后，文字的统一才成为可能。

第一本开字样学先河的著作是颜之推的孙子颜师古在整理五经文字的基础上撰写的《字样》。这部书为以整理和统一字形为目的的字样学的完备奠定了基础。颜师古（581～645），名籀，字师古，京兆万年（今陕西西安）人，担任过中书侍郎等职。唐太宗曾让他在秘书省考定五经用字，他订正了很多错误的字体。贞观年间，他把校正典籍文字的成果总结出来，作为字形标准，被称为颜氏《字样》，在当时影响极大。但早已佚失。

流传至今最重要的字样学著作是颜元孙的《干禄字书》。颜元孙，字聿修，是颜师古的四代从孙。该书主要是把适用不同使用范围的异体字区分为俗、通、正3体，并明确规定了这3种字体的使用范围：日常生活中大家共同使用的后起字叫作俗字；沿用已久，常在公文中出现的称作通字；来历久远，写入著作的，名为正字。

其体例是按平上去入四声分成4部分，各部分中列字的秩序按韵次的先

后排列。解说的方法是先列出字的不同异体，再注明每个字所属的类别。

"干禄"是求取官位的意思，《干禄字书》是参加科举考试、求取功名利禄的必读书，在当时受到很大重视。这部书是流传至今最早的一部规范整理楷书形体的专著，在汉字学史上具有重要地位，对唐代和后代的汉字规范工作都产生了积极的影响。

## 中国造船业驰名世界

隋唐时期，中国经济发达，国力昌盛，与外界的沟通与联系也日益频繁，由于陆路交通受地理环境影响很大，迫使人们将眼光投向海上，海上交通得以发展，再加上内陆湖泊河流众多，水上交通较为发达，都促使了水上交通工具——船舶的进步，造船业得到了迅猛发展。

隋唐时期的造船材料，大多采用较为坚硬耐久的楠木，其次是樟木，也包括少许的木兰、杉树、柯树等。由于这些木料多产于长江流域和珠江流域，故隋唐时期造船业大都集中在江南地区。

在造船工艺技术方面，隋唐时期发明了很多新型的工艺，提高了所造船舶的质量水准，如水密分仓、沙船、船底涂漆及铁锚的发明。

海船模型。唐宋时期造船和航海技术都进入一个新阶段，除船型增多外，采用水密分舱技术比四方要早十个世纪，大大提高了海上航行的安全。

"水密分仓"是利用水密舱壁把船舱分隔成很多的小单间，对船上甲板起到支承和加强的作用，使船体具备足够的横向强度和抗扭刚性，还可增强船的抗沉性，即使一舱漏水，由于隔离仓壁的存在，其他船舱可安然无恙。

沙船发明于唐代中晚期，并成为后来几代的主要船型，它是由古代平底船发展而来，具有平底、方头、船身宽、吃水浅的特点，航行时较为平稳，并易于通过浅水地带，具有很大的实用性。

船底涂漆，则是为了减少水的阻力，

增加船行速度，另外还可对船底起到适当的防腐作用，特别适用于水质微呈酸性的江南一带。

在采用先进工艺技术的基础上，隋唐时期制造出了大量高质量的船舶。据《隋书·杨素传》所载，杨素曾"造大舰，名曰五牙，上起楼五层，高百余尺。左右前后置六竿，并高五十尺，容战士八百余人"。唐开元天宝年间，刘晏在扬子县（今江苏仪征）设置10个宫府船场，造船多达2000艘，品种繁多，有平底船、座船、网船、车船、铁头船等。唐代所造的远洋海船，长20余丈，可载客600 ~ 700人，船体坚固，抵御风浪能力强，最适合于海上交通，深为从事远洋贸易的各国商人所喜爱。

隋唐造船技术的提高，又影响到各国的造船工艺，是对世界造船技术的一大贡献。

## 草市普及

草市是一种自发形成的初级市场，在魏晋南北朝时就出现了。随着经济的发展，商品交换的日益频繁，草市在唐代得到了普及。

草市是农村市场中的一种大型市场，所以大多设在城市附近、交通要道、驿站或大的村镇等地方。市上以出售农产品和林牧产品居多。赤壁的草市、德州境内的灌家口草市和汴州城郊的汴水渡口草市在当时都很著名。草市是长期固定的商品交换场所，有常设的货肆店铺。草市没有都市市场那样高级，多出售生产剩余品，从段成式在《酉阳杂俎》中记载的荆州庐山人在白洑南草市上贩卖石炭的情形可见其一斑，而李嘉佑的《中兴间气集》里的"草市多樵客，渔家足水禽"就更明显地反映了这种情况。但并不是所有草市都是这样的。有些大的草市里物品繁多，甚至连名人的诗句都成为市中交易的商品，像白居易和元稹的诗，经过缮写模刻，在市井上出售，能用来交换酒茗等物。随着繁荣程度的增加，草市出现了向都市转换的迹象，甚至有些草市被改为县治，成为当地的政治中心，例如归化县的县治在开元年间就是被提升后的原灌家口草市。宗州的永济县治，也是由张桥草市改造而来的。当然，草市的繁荣并不一定能导致都市的建立，但也由此可见当时草市的兴盛和广泛。

　　草市之外，还有墟市，就是隔日一会，或隔三五日一会的一种初级农贸市场。这种集市虽然有固定的地点，但保持日中为市的原始状态。

　　另外，还有一种与草市、墟市都不同的集市，这是一种较为高级的集市形式，类似于后代的庙会。虽然也是定期临时一聚，但间隔时间有一个月之长。这种集市尤为重要的是作为外地、远地甚至外国商客购销商品的场所。当时很多大宗的交易就是在这类市场上进行的。配合集市，还举行竞技、比赛等各种娱乐活动。

## 姚思廉撰《梁书》《陈书》

　　贞观三年（629），唐太宗下诏命诸大臣撰修梁、陈、齐、周、隋五代史。其中《梁书》、《陈书》皆为姚思廉所撰。

　　姚思廉（557～637），本名简，唐雍州万年（今陕西西安）人。少年从父姚察读《汉书》，尽得家学。其父姚察博通典籍，以文才著称，尤精于史学，隋时任秘书丞，奉诏编撰梁、陈二史。隋大业二年（606），姚察死而未成梁、陈二史，遗嘱思廉继续其未竟之业。唐贞观三年（629），思廉奉诏撰梁、陈二史。

　　《梁书》是思廉在其父旧稿基础上，参考诸家著作，于贞观十年（636）编撰而成。该书为纪传体史书，共566卷。包括本纪6卷，列传50卷，无表志。多保存梁朝国史旧文，是现存梁史的比较原始的资料。所记载史学家裴子野、萧子显、吴均等的生平事迹尤为详细。其中《儒林传》保存范缜的《神灭论》、《无因果论》最为珍贵；《韦睿传》写合肥之役，《康传》写堰淮之役，《昌义之传》写钟离之守，尤为精采。此外，《诸夷传》记述南海诸国历史、风俗、物产以及与梁、陈之经济、文化交往关系，对后世研究民族史有重要作用。该书材料取舍比较认真，叙事较详备，行文简练，为后世所赞誉。但亦有讳饰曲笔，内容篇目间有漏略。所收诏策表疏过多，篇幅臃肿。

　　《陈书》亦为纪传体史书，约成书于贞观十年（636），是姚思廉在其父旧稿基础上，兼采撷顾野王等撰的陈"国史"及陆琼《陈书》中的资料，编撰而成。该书共 36 卷，包括本纪 6 卷，列传 30 卷，亦无表志。书中多述皇族事迹，于其他方面稍嫌不足。但文字精炼，一扫六朝芜冗之习。本纪与《皇后传》论赞为时任监修官的魏征所作，论述与姚氏不尽相同。

## 杨上善校《内经》

唐代初年，杨上善校定《黄帝内经太素》。

杨上善，隋唐时期医学家。籍贯生平事迹不详。据《旧唐书》载，隋大业年间（605 ~ 618），曾任太医侍御，精通医术，颇有名望，为整理注释《内经》的早期医家之一。《黄帝内经太素》简称《太素》，是最古老的《黄帝内经》(18 卷)的另一类传本。唐代初年，唐政府指派杨上善校定和整理唐以前的古代医书，其中也包括《太素》一书。杨上善将《太素》一书在原来只有 20 篇的基础上加以扩充，定为 30 卷，并为全书撰写了详细的注文。该书问世不久即传到日本。当时日本政府曾经将杨上善校定的《黄帝内经太素》列为学医的首选之书。至今全书尚存 27 卷，是现存最早注解《内经》的专著，对后世研究《内经》有较大贡献。另外，杨上善还撰有《黄帝内经明堂类成》13 卷。已佚。

## 景教兴而复灭

唐贞观九年（635），大秦国（中国对罗马帝国及东罗马帝国的古称，或指叙利亚）主教阿罗本到长安，唐太宗给予优厚礼遇，请其在皇帝的藏书楼翻译圣经，并时常在内室垂询问道。贞观十二年（638），唐太宗下令准其传播，由朝廷资助在长安义宁坊建造波斯寺（后改名大秦寺，即景教礼拜堂）一所。这是景教在古代中国兴盛流行的开始。

景教，是唐代对传入中国的基督教聂斯托利派的称谓。又称波斯教、弥施诃教。428 年，聂斯托利派与当时作为罗马帝国国教的基督教正派分裂，后日渐向东传播。5 ~ 6 世纪经叙利亚由波斯传入中国新疆，7 世纪中叶传入内地。是最早传入中国的基督教派别。

大秦景教流行中国碑。景教为基督教派之一，在唐代传入中国。德宗时在长安义宁坊建此碑，记述该教东传及盛衰的经过。这是研究景教传入中国的珍贵文件材料。

唐太宗死后，高宗李治继承太宗宽容的宗教政策，在长安及诸州均置景寺，并尊阿罗本为镇国大法主，保持其为景教大总管的地位，景教得到了很大的发展。武则天称帝后，大力提倡佛法，景教一度受到压制和打击。玄宗执政期间，恢复了唐太宗时对宗教的宽容传统。他曾命众兄弟到景教寺设立神坛，并修复被毁坏的建筑物，还将高祖、太宗、高宗、中宗、睿宗等5位皇帝的画像安置在寺内，并饰以百匹丝绸。玄宗还召集景教传教士在兴庆宫"修功德"（做礼拜）。其后，肃宗李亨、代宗李豫以及名将郭子仪均支持与保护景教。景教徒在平定安史之乱中曾起过重要作用。代宗曾在自己的寿辰"颁御馔以光景众"。至德宗李适，虽极力提倡儒道释三教调和，但对景教仍有好感。唐武宗李炎即位后，鉴于"僧尼耗蠹天下"，在道士赵归真的怂恿下，于会昌五年（845）下令禁佛，景教亦被波及，并以"邪法不可独存"

而受到很大打击，一度绝迹于中原地区。唐末至五代北宋之间，景教仅在中国西北边陲地区活动。

从贞观九年（635）到会昌五年（845），景教在内地流传200余年。13～14世纪元朝建立后，景教再度进入中原，并向南北各地扩展。约于元世祖至元十二年（1282），景教已在大都（今北京）设置主教座。除大都外，福建泉州已成为南方景教中心，扬州、昆明以及甘肃等地还先后建立了景教寺。元至顺元年（1330），据称景教徒已超过3万人。当时景教徒与来自欧洲的天主教传教士，皆被称为元里可温。

现存有关景教资料有大秦景教流行中国碑、《大秦景教短威蒙度赞》、《尊经》，以及在敦煌发现的《大秦景教宣元（年）本经》、《志玄安乐经》、《序听迷诗所经》、《一神（天）论》、《大秦景教大圣通真归法赞》等经教经典。

# 拜火教在中国流行

6世纪初，拜火教即已传入北魏、南梁以及北齐、北周各朝，得到社会上层的支持，流传于新疆地区。到了唐代，该教在中国得到进一步流行，教士很受唐皇室欢迎，颇得唐廷礼遇，东西两京祆祠遍立。

唐男供养人头像。神态刻画极佳。

唐女供养人头像。成功地刻画了一个西域民族的少女形象。

拜火教是古代流行于波斯、中亚细亚地区的宗教。它是公元前6世纪由琐罗亚斯德在波斯东部创立的，在波斯称为琐罗亚斯德教。该教奉《阿维斯陀》为经典，通称《波斯古经》，主张善恶二元论，认为宇宙原有善和恶两种神灵：善神叫阿胡拉·玛兹达，是光明、生命、创造、清净、善行、真理的化身，是智慧之主；恶神叫安格拉·曼纽或阿里曼，是黑暗、恶行、破坏、死亡、谎言、不洁的化身。善恶二神曾各率自己的僚神、眷属反复较量，最后善神战胜恶神，光明代替黑暗，阿胡拉·玛兹达成了最高的存在，唯一的主宰。它认为人可以在善恶之间自由选择，但死后得经受由胡腊玛达主持的末日审判，通过"裁判之桥"，善者进天堂，恶者入地狱，以此要求人们从善避恶，弃暗投明。该教认为火是善神的儿子，象征着神的正确和至善，人们应该在麻葛（祭司）指导下，通过一定仪式，礼拜"圣火"，完成教徒的义务。由于琐罗亚斯德教认为火是善和光明的代表，并以礼拜"圣火"为主要仪式，因此，该教传入中国后，被称为"祆教"、"火祆教"、"火教"、"拜火教"等。

琐罗亚斯德教在大流士一世统治波斯时被定为国教，后来流传到亚非许多地区。公元3至7世纪，伊朗萨珊王朝曾把它奉为国教。7世纪阿拉伯人统治波斯后，伊斯兰教取代了该教，大批琐罗亚斯德教徒被迫东迁，在7世纪中叶广泛地影响了大食以东至中国的新疆地区。

唐高祖武德四年（621），唐朝廷为拜火教专建祆祠，设置官位专司其教。当时管教的官府称萨宝府，官职分萨宝、祆正、祆祝、率府、府史等，主持祭祀，官位自四品至七品不等，也有流外的四、五品。可见唐朝统治者对拜火教颇为重视。

唐贞观五年（631），拜火教教士曾将本教教旨向太宗起奏、讲解。可知祆教教士在唐廷受到很高的礼遇。

唐时，西京长安有祆祠4座，东都洛阳有2座，其他如凉州等地也有祆祠。河南府的立德坊以及南市西坊都有祆教的神庙。每年祆教教徒进行祭祀祈祷时，都要杀猪宰羊，在琵琶鼓笛的伴奏下，载歌载舞。祈告仪式结束后，就招募一名教徒作祆主。这位祆主取来一把锋利无比的横刀，用刀刺向腹中，不一会，腹部又完好如初。这可能是西域的幻术。祆教祭祀礼仪很隆重，并且保持了很多原始的面貌，说明祆教很为当时所重，能尽量保持固有的特色，不受环境左右。

武宗会昌五年（845）的灭佛活动中，外来的祆教也遭禁绝。

## 使职制大量出现

唐初高祖、太宗时，为了维护中央集权、加强对地方的控制，在正常官僚机构之外，设立使职制。所谓使职，就是职官本制以外的差遣官。

唐代，社会发展进程加快，社会生活复杂多变，这就要求政治制度与之相适应。承担着调节社会生活职能的国家，必须要求设置一些能适应新形势的国家机关和执行新任务的国家官员。再加上原有的职官无法应付各种职位既定职责以外的事务，只好随时补苴，临时置使。这样，大量的使官出现。唐代的使职制度就在这种情况下产生了。

唐代使职的内容包罗万象，在最高权力中枢出现了相当于宰相的同中书门下平章事、翰林学士以及宦官充当的枢密使，其中翰林学士被称为"内相"。地方上设置了十道采访使、节度使、观察使等，高居于刺史郡守之上。在中央和地方各部门，上自宰相，下至尚书六部各司曹，几乎都有差遣使喧宾夺主。差遣的使职名目繁多，如宣慰使（宣抚使、抚慰使、抚谕使）、青苗地钱使、两税使以及镇守使、出陵使等，涉及到政治、经济、军事各个领域。从数量上看，唐代的使职的产生呈现出不同的阶段，多数出现在武则天至德宗这个时期，而高祖至高宗和顺宗至宣宗时期出现最少，唐朝末年又有回升。这种不均衡的状态，也是由社会生活的变化及统治者采取的相应措施两方面因素决定的。

使职制的盛行，造成了职官制度的混乱。使职独立于三省六部职官系统之外，破坏了原有施政系统的职权，且造成权臣身兼数十职的局面，如杨国忠一身领四十余职，权力高度集中，进一步形成"人治"而非"法治"政治。唐代中后期藩镇割据、宦官专权等严重危害社会安定的现象都与使职制有着直接的联系。这种随机应变、毫无规则的使职差遣制的盛行，是政治紊乱、政权失控的表现，是唐代由盛转衰的政治反映，标志着隋唐政治文明的衰落。

唐男立俑。体形修长，身披大衣，右手横至腹前，腹部稍前挺。造型挺拔，全身施彩，大衣为红色，为官吏形象。

## 王梵志成为通俗诗巨擘

王梵志是初唐诗僧，卫州黎阳（今河南浚县）人，生平不详。史载他被黎阳城东人王德祖从枯树中发现收养，聪明伶俐，七岁能写诗。

王梵志善于用通俗诙谐的语言、日常生活的事例入诗，寄寓哲理，惩恶劝善。有些诗篇具有讽刺世态人情的积极意义，如"造作庄田犹未已，堂上哭声身已死。哭人尽是分钱人，口哭原来心里喜"。又如"城外土馒头，馅草在城里。一人吃一个，莫嫌没滋味"。"梵志翻着袜，人皆道是错。乍可刺你眼，不可隐我脚。"表现了诗人对生死的彻悟和对世俗的鄙视。王梵志

开创以俗语俚词入诗的通俗诗派，诗的风格浅显平易而蕴含深义，被后人称作"梵志体"而加以模仿。但是他也有些作品宣扬封建伦理和宗教虚无主义，内容浅薄，格调不高。

王梵志的诗在初唐很有影响，人们认为其诗可以使"智士回意，遇天改容，劝惩令善"（敦煌写本《王梵志诗原序》）。佛门禅院也以它来作为教戒学道的教材。唐氏诗僧寒山、拾得一路的诗作，直接秉承王梵志衣钵，而王维、顾况、白居易、皎然等也或多或少受其诗风影响。日本也有书目记载王梵志诗集，可见其诗早已东传日本。明清后，王梵志诗逐渐湮没，直到敦煌藏经洞发现王梵志诗手抄本后，重又引起人们的广泛关注。

新疆出土唐代"坎曼尔诗签"

## 《贞观氏族志》谱写氏族等第

贞观十二年（638）正月，唐太宗李世民为裁抑旧士族，提高皇族地位，诏修《氏族志》。

《贞观氏族志》是唐太宗时期序列氏族等第的官修谱牒，亦称《氏族志》，成书于太宗贞观年间，共100卷。奉太宗旨意参加编修的有高士廉、令狐德等。

魏晋之时，门阀制度盛行；隋唐之际，山东士族已经衰落，但他们仍好自矜夸，相互联姻，讲究所谓门当户对，自矜高贵。此种陋习曾引致一些非议，唐太宗对此也深为

《氏族志》断简

不满。于是诏吏部尚书高士廉等熟谙族姓者刊正姓氏，编撰新《氏族志》。于是高士廉等在全国范围内广泛搜求谱牒，并凭据史传辨其真伪，评定各姓等第高低。初时仍以山东士族崔民干为第一等，进呈太宗，太宗不悦，认为

今定氏族不应再以数世以前门第高下为重，应当重今朝冠冕，以当朝品秩高下确定等第。于是，高士廉等重修，贞观十二年（638）书成。共收录293姓，1651家，分为九等，以皇族为首，外戚次之，降崔氏为第三等，并颁行天下。

《贞观氏族志》虽然贬抑了门阀士族，但同时也同样肯定了氏族高卑、士庶有别的门阀观念。事实上是在贬抑魏晋以来门阀制度的同时，重新建立了以李氏皇室为首，以唐朝开国功臣为核心的新的门阀体系，对于巩固新建立的唐王朝的统治有一定的作用。但是由于崇尚旧望族的习惯势力根深蒂固，因此，该书的实际作用非常有限。

## 重建长安城

在隋统一全国以前，西周、秦、西汉、新莽、前赵、前秦、西魏、北周等先后在长安城建设都城，隋文帝定都长安时，原有的西汉长安城宫殿破坏严重，布局零乱，供水严重不足。于是，隋开皇二年（582），隋文帝命左仆射高颎任总裁，命太子左庶子宇文恺制定规划，在原汉长安城东南重建长安城。

新长安城建设于开皇二年（582）六月动工，先修筑城墙，开辟道路，建造宫殿，随后修建了坊市，次年三月即已初具规模。因隋文帝北周时曾被封为大兴公，故将新城命名为大兴城。经过隋一代的建设，新长安城已规模宏大且布局严谨。

整个长安城面积84平方公里，雄浑壮丽，功能分区明确，北临渭水，东依灞浐二水，交通运输便利。全城可分皇城、宫城和郭城三大部分，先建宫城，后建皇城，郭城则最后形成，郭城东西长9721米，南北宽8651.7米，城周长36.7公里，城墙夯土版筑，厚达9～12米，城外距墙三米处有宽9米、深4米的城壕。东、西、南各开三门，南门正中为全城正门——明德门，最为高大，有5个门道，其余各门为三个门道。城楼巍峨壮观。

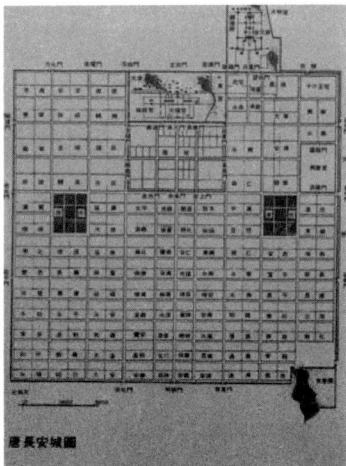

唐长安城图

汉唐时期的长安（今陕西西安），是国际性的大都会，来自几十个国家的使节、商人、僧侣、留学生等集于此地，西安又是汉唐丝绸之路的东方起点，图为今西安的西城门。

城内自南而北有六条岗阜，象征八卦中的六爻。

宫城包括太极宫、东宫、掖庭宫三部分，又称西内，位于全城最北部的正中，宫城南北长1492.1米，东西宽2820.3米，墙基一般18米。宫城南部隔一条220米宽的大街即与皇城相接，这里是宗庙和军政机构所在地。有太庙、大社、六省、九寺、十八卫等建筑和官署。皇城内有东西向街道七条，南北向街道五条，宽达百步。

除了宫城和皇城以外，长安城内有南北并列的大街14条和东西平行大街11条，将全城划分为108个里坊和东、西二市，布置严整，经纬分明。街道宽一般在35～65米之间，最宽的达100米，为了便于排水，街面两旁建筑有宽2～2.5米、深2米的排水沟，沿街槐树成行成列。

由纵横的街道割裂而成的城中108里坊是为了便于管理居民而设计建造。每个里坊都被高大的坊墙包围，大量的居民夜间被控制在里坊以内。各坊都布列有佛寺，道观和王府，它们都位于坊内的高岗处，极大地丰富了城市的立体轮廓线。

唐朝还将隋初对称布列皇城东南、西南的大兴城里的都会、利人二市改称东、西市，将手工业、商业店肆集中在这里，体现了我国古代城市规划的一大特点。成为唐代工商业活动、国际贸易、文化交流的重要场所。

作为隋唐两代的政治、经济、文化中心，长安城建筑宏伟，布局严整，功能完备，是当时世界上最大最繁荣的大都市之一。到唐末天复元年（901），朱全忠强迫昭宗迁都洛阳，320余年的国都长安被全部废毁。

## 六学二馆系统形成

唐贞观元年至贞观十三年（627～639），在唐太宗等人的倡导和支持下，基本上形成了唐朝以"六学二馆"为代表的官学体系。"六学"系统是指传统的国子学、太学、四门学和隋朝首创的书学、算学、律学（六学中只有律

贞观时期的文明

学属大理寺）等专科类的中央官学，其中以国子学为首，除律学外，都处在国子监控制之下。国子监是隋文帝时设置，用来作为教育的行政领导机构。国子监初名国子寺，开皇十三年（593）改为国子学，大业三年（607）又改为国子监，从此一直为后世所沿用。国子监设祭酒一人总管国家教育事业，在行政上不隶属太常寺，是独立的最高教育机构。通常，在祭酒之下设主簿、录事等专职人员，负责统领各级各类官学。这是中国历史上首次设立的专门教育行政部门，也是专门设置教育负责官员的开端。

"二馆"是指弘文馆（由修文馆改建）和崇贤馆（676年改名为崇文馆）。唐朝建立以来，就大力发展文教事业。高祖武德四年（621），在门下省设置修文馆用来兴学，贞观元年（627）又在门下省改设修文馆为弘文馆，汇聚经、史、子、集四类书共20多万卷，精选天下著名儒家学者虞世南、褚遂良、姚思廉等人以本官兼学士，褚遂良任馆主。馆中不仅讲论文义，商议政事，还传授书法，教授经业。弘文馆设在弘文殿左侧，召勋贵三品以上子孙为学生。628年，太宗恢复了隋代设置而在武德初年罢废的书学、算学，贞观三年（629）又下诏命令各州设置医学，贞观六年（632）再恢复了武德年间废弃的律学。贞观十三年（639），唐太宗又在东宫设立了崇贤馆。这样，在弘文馆设置到崇贤馆设置的13年左右的时间里，基本形成了六学二馆系统。

唐朝政府尽召天下经师有德者作学官，广建学舍1200间，大量增加学生名额。

贞观十三年（639）时，除六学二馆外，屯营、飞骑等军事机构中也都设置了学校，并有博士教学。高昌、吐蕃以及高丽、百济、新罗、日本等还积极派遣子弟前来求学，学生总额达到8000余人。

六学二馆系统标志着唐代教育制度的完善，在教育发展史上是有着不容忽视的重要作用。

# 大明宫建成

大明宫是唐朝宫殿，位于今陕西省西安市城北的龙首原上，在唐朝长安城的禁苑中。贞观八年（634）开始兴建，名永安宫，贞观九年（635）改名为大明宫，自龙朔三年（663）以后，是高宗以后的主要朝会场所。

贞观时期的文明

据《太平御览》，大明宫所处地"北据高岗，南望爽垲，终南如指掌，城市俯而可窥"。是理想的建宫地。高宗显庆五年（660）武则天开始参与朝政，龙朔二年（662）命司农卿大兴宫殿，沿中轴线依次修筑大朝含元殿、宣政殿（日朝）、紫宸殿（常朝），在这三组宫殿的两侧及后部共建30余处楼台殿阁，并在大明宫北部依地形

麟德殿（模型）。麟德殿是大明宫内的一组华丽宫殿，是唐朝皇帝饮宴群臣、观看杂技舞乐和作佛事的地点。此殿位于大明宫西北部高地上，由前、中、后三殿组成。面宽十一间，进深十七间，面积等于明清故宫太和殿的三倍。

唐大明宫。王朝的宫廷建筑，体现着帝王独尊的精神。图为唐长安城大明宫复原模型。

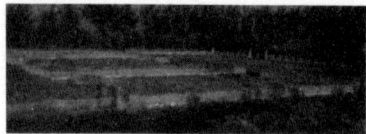

大明宫麟德殿遗址

而凿太液池，池中作蓬莱山，沿池四周修建四百间周廊，形成大明宫的宫苑区。

大明宫的正殿为含元殿，位于丹凤门正北龙首原的南沿上，是唐代最雄伟壮丽的宫殿组群，重大庆典和朝会多半在此举行。含元殿始建于龙朔二年（662），它利用龙首山作殿基，据考古发掘可知，大殿前面两侧建有翔鸾、栖凤二阁，为门阙式楼阁，下设平座于高台之上以烘托主殿，两阁由曲尺形飞廊与大殿相接，双阁的高耸与龙尾道的渐低互相辉映。大明宫另外一处重要宫殿群是麟德殿，是皇帝饮宴群臣、接待外宾、游乐及佛事的地方。它是由单层庑殿顶的前殿与中后殿连接，是二层楼阁建筑，大殿两侧有结邻、郁仪两楼，用飞桥接连后殿，二楼前各建亭一座，造型别致。

大明宫与隋文帝时修建而唐朝沿用的

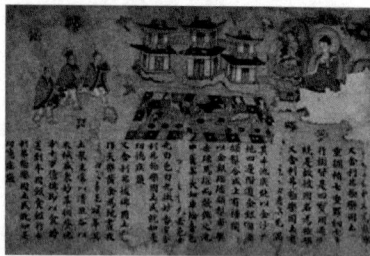

唐阿弥陀经变。分上下两部分：下为《阿弥陀经》的一部分；上为根据经文所绘变相。根据《阿弥陀经》所绘西方净土变是唐代流行的佛教画题材。由于在经卷中随文描绘，构图与敦煌壁画《西方净土变》迥然不同，以金楼玉宇、七宝莲池居中间，将三世佛退居右边，左边为三个供养人。

太极宫，以及开元二年（714）兴建的兴庆宫，并称"三内"，是唐长安城内著名的三处宫殿区之一。

大明宫主殿含元殿及其后的宣政、紫宸殿三殿相重附会的"三朝"布局形制，对后来历代的宫殿布局制度产生了深远影响。大明宫是我国古代劳动人民伟大才能与智慧的结晶，反映了唐建筑技术水平及成就。它的形制、布局和建筑基址的结构对我们后代了解唐代建筑风格及历史情况提供了历史依据和形象资料。

## 《隋书》陆续编撰

《隋书》为唐代官修五代史之一，是记载隋朝历史的纪传体史书，85卷，包括帝纪5卷、志30卷、列传50卷。纪、传和志分别由不同作者先后撰成。

《隋书》分两部分。纪传部分于贞观三年（629）由颜师古、孔颖达、许敬宗等人奉敕编撰，并由魏征监修，至贞观十年（636）完成。因"隋史序论，皆征所作"，因此亦名魏征撰。纪传部分主要记载隋文帝开皇元年（581）至恭帝义宁二年（618）共38年史事，问世后，与当时所修之《梁书》、《陈书》、《北齐书》、《周书》等四史合称为"五代史"。因为"五代史"均没有志，贞观十五年（641），唐太宗命于志宁、李延寿、李淳风等修《五代史志》，以述梁、陈、北齐、北周和隋朝之典章制度，并先后由令狐德、长孙无忌等监修。历时15年，至唐高宗显庆元年（656）始成。又因五代各史皆单行，于是附于《隋书》，习惯上称为"隋志"。

唐修该书的目的多以隋亡为鉴，故该书对隋统治者的荒淫残暴及农民起义记载亦详。《隋书》十志系出于名家之手，历叙梁、陈、齐、周、隋的典章制度，兼及整个南北朝时期，以至上溯汉魏，而尤详于隋，可补《南北史》之不足，历来为学者所推重。《经籍志》记古今图书存佚及其源流，并以隋东都观文殿藏书目录为依据，首创经、史、子、集四部分类法，对唐以后目录学的发展起了很大作用，被一直沿用到近代。《隋书》的史论在五代史中成就最高，它自觉总结了隋朝得失存亡的历史经验，为唐王朝的统治提供了重要借鉴。

《隋书》出于众手，因此篇内文字间失于照应，内容亦有自相矛盾之处。

## 阎立本丹青神化

阎立本（？～773），初唐杰出的工艺家与人物画家。初为秦王府库直，626年，受命画《秦府十八学士图》，贞观十七年（643），又应诏画《凌烟阁功臣二十四人图》。另外，他还作有《西域图》、《永徽朝臣图》、《步辇图》及《历代帝王图》。他继承家学，尤其擅长绘画，他的画笔线条圆转流畅，疏畅坚实，色彩渲染浓重凉净，富有韵律感，构图比例和谐，技法纯熟，刻画入微。他常常配合当时政治上的重大事件来进行创作，以他敏锐的目光，纯熟的技法，留下了具有深远历史意义的一瞬间。他的画尤以《步辇图》和《历代帝王图》备受后人推崇。

阎立本《伏羲女娲图》

《步辇图》描绘的是贞观十五年（641）唐太宗把文成公主嫁给吐蕃王松赞干布，松赞干布派使者禄东赞来大唐迎公主受到太宗接见的历史事件。《历代帝王图》描绘了西汉至隋的十三个帝王像，创作主旨是为了"戒恶思贤"。从画面可以看出，阎立本非常注意整幅图画中人物的比例，避免孤立脱节，有重点有分寸地刻画了不同人物在特定场合中的各种动作、表情、心理状态。他笔下人物形象丰满，骨肉匀称，善于选用特征性情节，注意刻画人物面部五官的不同。除了在长卷限制的构图上寻求一些变化外，他一般还着力于刻画人物个性的差异。如在《历代帝王图》中，他根据帝王

唐阎立本《步辇图》。作品以贞观十五年（641）吐蕃首领松赞干布与文成公主联姻的历史事件为题材，描绘唐太宗李世民接见来迎娶文成公主的吐蕃使臣禄东赞的情景。李世民端坐在宫女抬着的"步辇"（此图即以此为名）上，禄东赞和朝臣内侍站立一旁。不同人物的身份、气质、仪态和相互关系，在画家的笔端得到了适当的反映。作者以细劲的线条塑造人物形象，具有肖像画的特征。线条流利纯熟富有表现力。色彩浓重、鲜艳而又和谐沉着。这是一件具有重要历史价值和艺术价值的作品。

贞观时期的文明

们各自特点和对其功过的"正统"评价，对其个性特点加以表现，并将自己的褒贬融诸于笔端。但是画家又非常注意在表达自己的褒贬观时从写实出发，重在内心状态的刻画而不是流于表面形象的漫画化或过分夸张，显得含蓄精妙。阎立本的人物画在吸取前人丰富经验的基础上，将秦汉的纯朴豪放与魏晋的含蓄隽永融合在一起，使我国人物画进入一个精湛瑰丽的新时期。唐代评论家认为阎立本的画"六法该备，万像不失"，"像人之妙，号为中兴"。他的丹青对后世影响颇大，他是开一代画风的划时代人物。他的画体现了他的艺术风格和政治素质，使他成为初唐最具代表性的著名画家。后人称赞他"兼能书画，朝廷号为丹青神化"。

# 唐锦流行于西域

唐锦是唐代工艺水平最高、最为精美的丝织工艺品。在唐代，它已在西域广为流行。

唐代以前，织锦多为经丝显花，称为经锦。唐代，由经丝显花一变而为纬丝显花，故唐锦又称为纬锦。一般用多种色纬分段换梭法织成，或用打纬器将纬丝打紧打密，使得织锦色彩绚丽典雅且花纹突出，丰富多变。

唐代联珠对鹅纹锦

初唐时期织锦多为联珠纹锦，风格多样，一派异彩纷呈的繁盛景象。这一时期织锦花纹明显地受到波斯萨珊织锦的影响，萨珊锦的原型清晰可寻，异族情调很浓。随着民族工艺水平的不断提高，这种异域风格逐渐减少，民族风格愈趋浓郁。盛唐时期，织锦结构严谨，丰满华丽，雄健豪放，昂扬的时代精神和盛唐气象营铸其中。这时联珠纹锦减少，而诸如团花纹锦、对称纹锦、几何纹锦、散花纹锦、晕绸锦等发展起来。其中联珠团

唐代新疆出土纹锦

**051**

窠纹是联珠纹和团窠纹的组合，后者一般在同样大的圆形排连接的每个圆的周围用联珠圆环作边饰，圈中间以动物、人物或花朵等立体纹样装饰，而对称纹则格式左右相对，纹饰多飞禽走兽及人物，树纹也较常见，几何纹样则多为字、双、龟背、锁子、棋格、十字、锯齿等形状，此外还有将花朵、花、叶、花托等形象四向放射或多向放射，组织成多层次装饰花纹的宝相花纹和以雪花为原型的瑞锦纹、无固定规则的散花纹等。无不色彩鲜艳、富丽华贵。

新疆吐鲁番阿斯塔那唐墓出土的《花鸟纹锦》鸟语花香、富丽堂皇，比较完整地表现了大唐织锦风彩。该墓下葬时期为大历十三年（778）。而垂拱四年（688）下葬的阿斯塔那张雄夫妇墓中出土的泥头木身锦衣女俑，身着两件丝织品为缂丝和双面锦，更显珍贵。

## 《周书》撰成

《周书》记述了北朝宇文周一代史事，为纪传体史书。共 50 卷，包括本纪 8 卷、列传 42 卷，无表志，约 50 万字。唐令狐德撰。

令狐德（583～666），唐宜州华原（今陕西耀县）人，关陇贵族；随李渊建唐，曾任起居舍人、秘书丞、礼部侍郎、太常卿，官至国子监祭酒、弘文馆学士；唐初颇有文名，曾多次参加官书的编写工作。贞观三年（629），令狐德奉诏主编《周书》，贞观十年（636）书成。

《周书》主要取材于西魏史官之国史《宇文周书》和隋朝牛弘所撰《周史》，旁及其他资料。《周书》记载了魏文帝大统元年（535）至北周静帝大定元年（581）间西魏 22 年和北周 25 年的史事，是研究北朝魏、周史的基本史料之一。本纪部分记述了南北朝诸政权变易情况，较《北史》条理清晰；列传部分标题只有皇后、儒林、孝义、艺术、异域五种，较简明；又别记后梁萧及其臣属 26 人事迹为一传，铨配较当，为《梁书》所不及。书中总叙八柱国十二大将军，保存了军事制度史方面的原始资料。苏弹传后录 6 条诏书和《大诰》，可考察一代创制原委。异域传记载少数民族及中外交通与商贸，特别是突厥历史首见于此传，较具史料价值。

《周书》叙事繁简得宜，但亦有叙事失实及编次不当、曲笔虚美之处，叙事纪言，也往往过于文雅，华而不实，不能恰当反映北周当时的风气，因而刘知几在《史通》中多处对其进行了批评。《周书》至宋初已残缺。

# 府兵制兴盛

府兵制创立于西魏，在后周、隋代得到发展，到唐代前期逐步发展到最兴盛时期。

武德初年，设置军府，由骠骑、车骑两将军府统领。武德六年（623），改骠骑统军，车骑为别将。到贞观十年（636），又改统军为折冲都尉，别将为果毅都尉，军府改称折冲府。

"折冲"一词来源于古语"折冲于樽俎之间"，有不战而胜的含义。折冲府军事长官为折冲都尉，副职是左右果毅都尉。府分上、中、下三等，上府编制 1200 人，中府 1000 人，下府 800 人。府下设团，每团 200 人，团的军事长官称校尉。上府辖 6 团、中府 5 团、下府 4 团。每团辖 2 旅，每旅 100 人，旅有旅帅。旅下辖 2 队，每队 50 人，队有队正、副队正。队下设火，火有火长，每火 10 人。

府兵自用武器、装备以及征途所须粮食都由府兵自备。禁兵器，如甲、弩、矛、稍、战马等，由国家供给。到开元年间，府长所需粮食、衣物费用由所在州县供给。

折冲府按居重驭轻的原则在全国各地部署。唐太宗划天下为 10 道，置军府 657 个。唐代京城为长安，关中最为重要，部署军府 288 个，占军府总数的 43.9％。边境地区以防备突厥为重点，河东、河北、陇右等地军府部署也

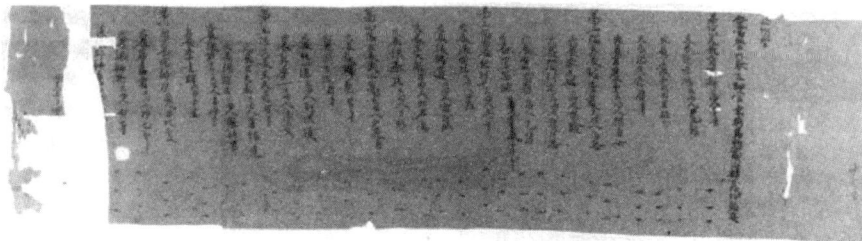

唐西州营名籍。从新疆吐鲁番出土的唐西州营名籍可以窥见唐王朝设西州都督府屯戍连续的规模。

较多。其他地区如江南、岭南的军府就比较少。

府兵制属义务兵役制。士兵服役年龄一般为 21 岁到 60 岁，实际上是终身服役。每三年一拣点（征兵），以补充军队中因退役和逃亡造成的缺额。府兵有内府、外府之分。内府称为三卫五府。其士兵由权势子弟充任。外府即折冲府，其府兵由中等以上农民及 6 品至 9 品官子孙点充。征兵的标准是："财均者取强，力均者取富，财力又均者先取多丁。"以此保证官僚、地主的子孙在军队中占主要成分并成为骨干。每年冬季，折冲都尉率自己所属人马演练军务。府兵轮流到京城宿卫，按路程远近分番轮流，五百里内为五番（五人一组互轮，每五个月上番一次），一千里内为七番，一千五百内为八番，二千里内为十番，二千里外为十二番。每番一个月。军府大部分分布于京师附近的关内、河东、河南等道，以关中临举四方，巩固中央集权制度。

府兵平时从事农业生产，农闲时参加军事训练。各级长官向府兵灌溉忠君思想。这种从上至下对府兵的重视，使府兵表现出较高的军事素质和政治素质。

## 唐建南北衙

618 年，李渊入长安，下令沿用隋府兵制。贞观十年（636），唐太宗对府兵制进行整顿，设立十二卫和太子东宫六率为府兵的中央管理机关。唐代中央官署因在南衙办公，故称南衙或南司，十二卫属南衙，由宰相负责，所以又称为南衙禁军。

而元从、羽林等禁军起初没有专门机构，多由皇帝通过宦官或武官亲领。宦官居禁苑内，与南衙相对，故称北衙。禁军常屯驻北门，所以称为北衙禁军，主要负责皇宫宿卫。

南衙十二卫有左右卫、左右骁卫、左右武卫、左右威卫、左右领军卫、左右候卫。

各卫设置大将军一人，将军二人。各卫府还设

力士像。河南安阳修定寺建于唐代，这是寺内遗存的力士像，个个勇猛善斗，力大无比，实为盛唐武士精神的折射。

长史，录事参军事，以及仓曹、兵曹、骑曹、胄曹参军等官员，每员各有职掌。六卫率是左右卫庶、左右司御率、左右清道率。各率府设率一人，副率二人，其余官员设置与十二卫大体相同。各卫、率的共同职责是平时管理府兵轮番宿卫诸事，并统领分布在全国各地的折冲府，战时奉命率军出征。各卫、率在宿卫等方面各有专责，所统领折冲府数也多少不等。

由于十二卫与六率所领折冲府交叉分布在全国不同地区，一个道的折冲府又分属不同的卫、率系统，这样，各折冲府互相牵制，外军很专擅军权而割据一方，最高军事管理机关将领也不易利用所辖府兵发动叛乱，而皇帝则通过兵部掌握了十二卫与六率所统府兵的发兵权，从而加强了对军队的控制。这对维护封建中央集权国家的安全与稳定有着至关重要的作用。因此，南北衙的建立也标志着封建军事管理制度的成熟与完善。

# 律宗形成宗派

律宗是中国佛教史上以研习和传播戒律为主的宗派，它所依据的经典主要是《四分律》。七世纪时，唐代道宣（596 ～ 667）著成《四分律合注戒本疏》、《四分律删补随机羯摩疏》、《四分律拾毗尼义钞》三部书，对《四分律》作了一尊的解释，律宗作为一个宗派正式形成。道宣长期在终南山传道，故其宗派称南山宗。

与此同时法励（569 ～ 635）及其弟子怀素（625 ～ 698）并弘《四分》。分别开创了相部宗和东塔宗，故唐代律宗三宗并立，繁盛一时。

唐佛坐像

律宗所据的经典《四分律》出于印度部派佛教时期的"律藏"，曹魏以后传入中国。魏正元二年（225），昙柯迦罗译出《昙无德（法藏）羯摩》（即《四分律》原栖），并正式剃度中国僧人，开律宗之源，律宗的谱系为：昙无德—昙柯迦罗—法聪—道覆—慧光—道云—道洪—智首—道宣—可见在道宣之前的数位中国僧人已开始对律宗典籍的研究。道宣以后，

贞观时期的文明

唐阿难立像（残）

唐释迦立像

唐迦叶立像

唐佛坐像

香积寺塔。为佛教净土宗四祖善导法师的道场。

南宣律宗传人鉴真（688～763）东渡日本传戒，开日本律宗之源。

律宗认为戒律是戒、空、慧三学之首，特别重视戒律的作用。将全部佛教戒律分为"止持"、"作持"两类。僧、尼二众制止身、口、意作恶的别解脱戒为"止持戒"；安居、说戒、悔过等行则为"作持戒"。律宗又将教理分为戒法（佛祖所制戒律）、戒体（受戒时佛门弟子以心领受的法体）、戒行（受戒后随顺戒体的如法行为）和戒相（因持戒表现于外的相状），其中戒体是核心。

律宗也有自己的判教理论，以化教和制教总括佛教诸派。化教是佛陀教化众生的教法，包括性空、相空、唯识三教；制教是如来教戒众生的教法，包括实法、假名、圆教三宗，圆教宗主张心法戒体，南山律宗以此认为自己是圆教宗，代表佛教的最高水平。

唐代律宗三宗并立的局面维持了一段时间，不久相部、东塔二宗相继衰落，独存南山一宗承传法系，绵延不绝。

# 净土宗建立

　　净土宗作为中国佛教流派中专修往生阿弥陀佛净土的法门，在隋唐之际发展成一个正式的宗教流派，道绰和善导是净土宗的真正创始人。

　　道绰（562 ~ 645）因见到记载昙鸾的碑文而改宗净土，专念阿弥陀佛，日限 7 万遍，教人以豆或念珠记念佛次数，认为在此末法时代，只有凭借愿力才能往生西方净土。善导（617 ~ 681），初诵《法体》、《维摩》，后依《观无量寿经》。曾在玄中寺听道绰讲净土要旨，后去长安宣扬净土信仰，著有《观无量寿佛经疏》、《往生礼赞偈》等，且抄《阿弥陀经》几十万卷，画净土变相三百幅，至此，净土宗的理论和行仪趋于完备，正式成为一个宗派在隋唐之际广为流传。

　　向往西方净土的思想在东晋时期已经产生。慧远被奉为净土宗初祖。此后净土思想代有传习者，东魏昙鸾（476 ~ 542）著《安乐净土义》、《赞阿弥陀佛偈》，是净土思想的重要传承者。

　　净土宗重信仰轻理论，以三经一论为典籍。三经是《无量寿经》、《观无量佛经》和《阿弥陀经》，一论是世亲所著的《往生论》。净土宗主旨以念佛行业为内因，以弥陀救拔众生的愿力为外像，内外相应，往生阿弥陀西方净土（极乐世界）。净土宗认为世风混浊，靠"自力"解脱甚难，主张依"他力"往生净土，以念佛为宗教实践。念佛方法有四种：持名念佛、观像念佛、观想念佛、实相念佛。而尤重持名念佛，故后世唯持名念佛最为流行。信徒们认为只要一生至诚念佛，就能往生净土。善导又把修行的方法分为正行和杂行两类。由于净土宗修行简易，中唐以后广为流行，同时其他各宗派的僧人一般都兼修念佛法门。因此，净土宗在中国得以普及于一般社会，一直流传至今。善导以后，净土宗继续流传，历代名师辈出。善导的《观经疏》于 8 世纪时传入日本，12 世纪时日本僧人源空受其影响，创立日本净土宗；其后，源空的弟子亲鸾又开创净土真宗。

## "南青北白"·陶瓷并茂

　　唐代陶瓷在隋代青、白瓷成熟的基础上进一步发展，出现了"南青北白"的局面。同时还烧出成熟的黑、黄、花瓷。最引人注目的是创烧出中外闻名的唐三彩和釉下彩。《陶录》上说"陶至唐而盛，始有窑名"，一些制瓷中心逐渐形成名窑，如越窑青瓷（秘色瓷）、邢窑白瓷、长沙铜官窑釉下彩绘等。由于海、陆丝路的进一步畅通，促进了陶瓷大量出口，对世界陶瓷产生了非常深远的影响。

　　唐代青瓷是唐代陶瓷的主流，窑址遍布南北，其中南方越窑青瓷最有名，最有代表性，主要分布于对外贸易港口明州（宁波）附近，窑场林立，大量生产，大量出口，唐、五代、北宋时盛行。越窑青瓷胎骨较薄，施釉均匀，青釉莹润，

唐绿釉罐

唐白釉壶

唐白瓷长颈瓶

唐褐绿彩云纹罐

唐黄釉胡人狮子扁壶

唐贴花壶

多作茶具，这与当时饮茶之风盛行有关，陆羽《茶经》评品当时各地瓷器茶具时说"越州上"、"类玉"、"类冰"。越窑青瓷除出口外，还供宫廷使用，朝廷设官督造，从此开历代官窑之先河，因此越窑青瓷又叫"秘色瓷"。器形有罐、壶、瓶、杯、碗等。壶多为短嘴长柄壶，有的还受波斯萨珊银器影响，出现凤头壶、扁壶。例如，故宫收藏的青釉凤头龙柄壶就受波斯影响，造型别致，装饰繁缛，艺术水平很高。瓶有双龙耳瓶，是唐代特有的。杯也受外来影响，表现在高足和小环耳上。装饰纹样有狮子、

唐青釉莲花纹瓜形壶

鸾凤、鹦鹉、鸳鸯、龙水、双鱼、牡丹、莲花、卷草及人物、山水等。装饰手法有刻花、划花、印花、堆贴等，以线造形，圆熟流畅。唐代前期风格简朴，多为素面，后期逐渐变得华丽。

　　唐代青瓷除越窑系统外，还有浙江的瓯窑、婺州窑，湖南的岳州窑，江西的洪州窑等，此外福建、广东、四川也有青瓷生产。

　　唐代陶瓷"南青北白"，说明当时白瓷主要产于北方，河北、河南、山西、陕西、山东都有生产，而其中河北临城邢窑最有名，与南方越窑并称。邢窑白瓷生产始于初唐，开元、贞元时普及全国，"天下无贵贱通用之"（《国史补》）。陆羽《茶经》说它"类银"、"类雪"，胎上挂白化妆土，然后再上白透明釉，釉色白中闪黄。器内满釉，器外半釉，釉不到足，自然垂流。唐后期改为施全釉，体薄釉润，胎釉皆白，光洁纯净。器形朴素大方，不施纹样，有罐、壶、瓶、碗、盘、枕、烛台、玩具等，底多为平底和宽边玉璧底。

# 唐朝

**641A.D. 唐贞观十五年**

正月，文成公主归于吐藩。十二月，大败薛延陀。拉萨大昭寺建成。

**642A.D. 唐贞观十六年**

西突厥乙毗咄陆可汗灭吐火罗，拘留唐使，侵西域。安西都护郭孝恪击走之，乘胜攻处月，收降处密而归。

**643A.D. 唐贞观十七年**

二月，图功臣24人像于凌烟阁。四月，太子承乾谋反事发，废为庶人，同谋者侯君集等皆弃市；立晋王治为皇太子。是岁，魏征死。

**645A.D. 唐贞观十九年**

帝亲攻高句丽，发洛阳。四月，李世勣等至玄菟，破高句丽兵于建安。五月，张亮等拔卑沙城，耀兵于鸭绿水。李世勣等进至辽东城，败高句丽救兵。帝至辽东，李世勣等拔其城。六月，更进至安市，高句丽兵来救，大败，死二万余。九月，诏班师。玄奘自印度回国。

**647A.D. 唐贞观二十一年**

三月，遣牛进达、李世勣等分由海陆击高句丽。五月，李世勣等无功而还。八月，命江南十二州造大船，欲以击高丽。

**648A.D. 唐贞观二十二年**

正月，遣薛万彻等由海道击高句丽。五月，王玄策以吐藩、泥婆罗兵破擒中竺天帝那伏帝王阿罗那顺，俘一万二千人。

**649A.D. 唐贞观二十三年**

四月，太宗死，太子治嗣，是为高宗，罢辽东之役。

**642A.D.**

埃及向阿拉伯人投降。阿拉伯人同年大举入侵波斯，侵入亚塞尔拜疆、呼罗珊及吐火罗等地。

**647A.D.**

印度戒日王死，无子，其臣那伏帝阿罗那顺自立，人心不服，国势衰微。王玄策借吐藩、尼波罗兵，大破之，虏那伏帝阿罗那顺以归，后死于中国。印度自戒日王死以后，至12世纪末穆罕默德教徒攻入印度斯坦以前，550年间，分裂为无数小国。

法兰克王国由于封地与分封制之实施，庄园制逐渐出现。

**649A.D.**

阿拉伯人征服塞浦路斯。

# 唐蕃和亲

　　唐蕃和亲是在吐蕃立国之初开始的。

　　7世纪初，松赞干布统一吐蕃后，就与唐建立了和好关系。但在以后的发展过程中，这种关系并不是一帆风顺的，在和好的同时伴以矛盾、冲突，常以兵戎相见。除小的边界摩擦之外，两国还多次发生大的军事冲突。

　　唐蕃之间尽管斗争比较激烈，但总的来看，矛盾、冲突是暂时的或局部的，和好总趋势并没有断，在634年至846年的213年期间双方使节往来异常频繁，据不完全统计，共有191次，其中唐入吐蕃66次，吐蕃入唐125次。使臣的任务各种各样，主要是双方的和亲与会盟。

　　唐与吐蕃的和亲是在吐蕃建国之初开始的。松赞干布渴慕唐风，以能与唐和亲为荣。

　　634年，松赞干布遣使入贡并请婚。唐太宗婉言拒绝，派冯德遐前往抚慰。松赞干布又遣使随冯德遐入朝，"多赍金宝，以奉表求婚"，亦未获准。

　　松赞干布为引起唐政府的重视，发兵直指唐松州（今四川松潘），为唐军所败。退兵后马上"遣使谢罪，因复请婚"。640年，松赞干布又遣大相禄东赞至长安，献金5000两，珍玩数百请婚。太宗许嫁宗女

西藏大昭寺文成公主金像

立于西藏大昭寺门前的唐蕃会盟碑

吐蕃赞普松赞干布塑像。在位时先后统一西藏地区诸部，建立吐蕃奴隶制政权。641年与唐文成公主联姻。对藏族社会经济、文化的发展，加强藏、汉两族的兄弟友好关系作出了贡献。

**061**

唐蕃古道上的日月山。这里是农区与牧区的分界，相传文成公主入藏时在此摔掉了皇上赠与的日月宝镜，以坚定入藏决心。

文成公主。641年初，文成公主在唐送亲使江夏王李道宗和吐蕃迎亲专使禄东赞伴随下，出长安去逻些完婚。

据《吐蕃王朝世袭明鉴》等书记载，文成公主一行队伍非常庞大，唐太宗的陪嫁十分丰厚。有"释迦佛像，珍宝，金玉书橱，360卷经典，各种金玉饰物"，又给多种烹饪食物，各种饮料，各种花纹图案的锦缎垫被，卜筮经典300种，识别善恶的明鉴，营造与工技著作60种，治404种病的医方100种，医学论著4种，诊断法5种，医疗器械6种。又携带各种谷物和芜菁种子等入藏。松赞干布亲迎于河源，对唐行子婿之礼，还专建宫室供文成公主居住。文成公主的随行队伍中还有各种工匠，这一队伍成为传播中原先进的农业、手工业、文化科学技术的使者。

唐高宗初年，又应请送去蚕种和善于酿酒、纸墨的工匠。吐蕃还派大批贵族子弟到长安国子监学习，唐的文人也受聘到吐蕃管理文书，连唐贵族的服饰也传入吐蕃。

文成公主在吐蕃生活了近40年，一直倍受礼遇并深得吐蕃人民的爱戴，680年病故。

681年，吐蕃又请求婚武则天之女太平公主，遭到拒绝。703年，吐蕃又遣使献马1000匹，黄金2000两，上表求婚。武则天应允，后因吐蕃赞普西征泥婆罗战死而作罢。

707年，吐蕃遣其大臣悉薰热入贡求婚，唐中宗允以养女（雍王守礼女）金城公主为吐蕃赞普妻。709年，吐蕃遣其大臣尚赞咄等千余人至长安迎亲。710年金城公主成行。中宗赐"锦缯别数万，杂伎诸工悉从，给龟兹乐"，并亲至始平县（今陕西咸阳西北）送行。金城公主的和亲进一步促进了唐与吐蕃的经济、文化交流，唐的大量丝织品和生产技术更广泛地传入吐蕃。应金城公主之请，731年唐还赐给吐蕃"《毛诗》、《礼记》、《左传》、《文选》各一部"。赤德祖赞、金城公主则献方物入贡。在政治上金城公主在缓解唐与吐蕃的冲突，促成双方的会盟等方面也起了积极的促进作用。

# 魏征卒

魏征（580～643），字玄成，馆陶（今属河北）人，唐初政治家。先任太子建成洗马。太宗即位后，爱惜征才，拜为谏议大夫，贞观三年（629）任秘书监，参予朝政，校定秘府图籍。后一度拜相任侍中，封郑国公。

太宗对魏征深为信任，有时引至卧室，问天下事。魏征以讽谏出名，被誉为"前代净臣一人而已"，屡次谏止太宗意气用事，伤民图乐，好大喜功。有时令太宗下不了台。魏征还特别提醒太宗要防微杜渐，善始善终，贞观十三年（639）上"不克终十渐"书，尖锐批评李世民政不如前。魏征前后陈谏二百余事。多次劝太宗以隋亡为鉴。曾提出"兼听则明，偏信则暗"；君好比舟，民好比水，"水能载舟，亦能覆舟"；必须"居安思危，戒奢以俭"；"任贤受谏"；"薄赋敛，轻租税"，"无为而理"等著名的政治谏言。其政治言论集于《贞观政要》。

贞观十七年（643）正月，魏征病危，太宗遣使问候，并赐以药饵。魏征卒，太宗命九品以上官员均赴丧，赠给羽葆鼓吹，陪葬昭陵。魏妻裴氏因魏征平素节俭，不接受羽葆鼓吹，只用布车运灵柩下葬，太宗谓众臣说："人以铜为镜，可以正衣冠；以古为镜，可以见兴替；以人为镜，可以知得失；今魏征殁，朕失一镜矣！"太宗自制碑文，并亲自书写在石头上。

魏征除《贞观政要》外，还著有《隋书》的序论与《梁书》、《陈书》、《齐书》的总论，主编有《群书治要》，有《魏郑公集》。

# 更立太子

唐太宗贞观十六年（642），太宗因太子承乾失德，魏王泰得宠，为解除天下疑惑，二月，任命魏征为太子太师，辅佐承乾，以昭示天下无废立之心。但太子承乾贪图享乐，荒废学业，令太宗失望。同时汉王李元昌（太宗弟）也经常做违法之事，太宗多次责备他。因而太子、汉王两人耿耿于怀，便笼络朝臣，树朋党与魏王泰相对抗，还私下豢养刺客纥干承基及百余名壮士，预谋杀魏王泰。太子承乾见李泰恩宠日隆，日益不安，便纠集大臣侯君集及其女婿、东宫千牛贺兰楚石、汉王元昌密谋造反，纥干承基上告太宗太子谋反之事。贞观十七年（643）四月，太宗下诏废太子承乾为庶人，赐汉王元昌自尽，侯君集及参与主谋者均被斩。

承乾被废后，太宗与长孙无忌、房玄龄、李世勣、褚遂良等议立太子之事，太宗犹豫不决，欲立有才华的魏王泰，又恐重演父辈骨肉相残悲剧。欲立晋王治，但又嫌其懦弱。最后太宗接受长孙无忌、褚遂良等元老重臣的意见，于贞观十七年（643）四月七日，诏立晋王治为皇太子，并同时幽禁魏王泰于北苑。九月，太宗任长孙无忌为太子太师，房玄龄为太傅，肖瑀为太保，李世勣为太子詹事。

## 唐太宗征高丽无功而还

唐初，朝鲜半岛高丽、新罗、百济三国均与唐通好，三国素有隙，互相攻击，后听唐使劝和罢兵。贞观十六年（642）高丽权臣苏盖文发动兵变，专霸国政。次年联合百济猛攻新罗，唐遣使嘱高丽罢兵，不听。四月太宗诏令出兵征高丽。

贞观十八年（644），太宗诏命饶、洪、江三州造船400艘用以运军粮，遣幽、营二都督兵及契丹、奚、靺鞨之众先击辽东（今辽宁辽阳）作试探；以韦挺为馈运使，节度河北诸州；命肖锐运河南诸州粮入海。贞观十九年（645）正月，太宗亲统诸军自洛阳北上定州（今河北定县），留太子治监国，肖瑀为

高句丽角抵壁画

洛阳宫留守。五月，令大将张亮率领从东莱（今山东掖县）渡海向东，袭击高丽占据的卑沙城（今辽宁海城）。程名振、王文度等行军城下，攻克卑沙城，俘获男女八千余人。命李世勣为辽东道行军大总管率大军进至辽东城下，高丽派兵四万援救辽东，唐将李

道宗、马文举奋勇冲杀，歼高丽军千余人。太宗亲临辽东后，唐军士气大振，攻克辽东城，歼敌万余人，俘获男女四万人。太宗设辽东城为辽州。同月，唐军围攻高丽白岩城，右卫大将军李思摩受伤。乌骨城派出万余人声援白岩城守将，唐军大将契苾何力率骑八百名迎战，契苾何力受伤，被薛万备单枪独骑救出，契何苾力伤后再次出战，高丽兵大败，奔逃几十里。六月，李世勣率军猛攻白岩城，太宗亲临指挥，白岩城守将孙代音被迫投降，太宗以白岩城为岩州，以孙代音为刺史。同月，唐军进围安市城（今辽宁海城南之营城子）。高丽派高延寿、高惠真统兵15万救援，太宗、李世勣布阵，大败高丽军，高延寿、高惠真后率残部36000余人降唐，是役唐军歼敌2000余人，俘虏无数，高丽举国震动。后太宗未采纳先攻弱城，后攻安市城的正确建议，而继续围攻安市城60余日不下，太宗便于贞观十九年（645）九月下诏班师，无功而还。

# 唐平定薛延陀

薛延陀为铁勒别部，唐初归西突厥，后西突厥国乱，夷男率部奔东突厥，正遇颉利可汗兵力衰弱，夷男大破东突厥，受太宗封为真珠毗伽可汗，唐平东突厥后，薛延陀称雄漠北。贞观十五年（641）十一月，薛延陀听说太宗将东去封禅，令其子大度设发同罗、仆骨、回纥、靺鞨、霫等铁勒各部二十余兵力，进攻突厥俟利苾可汗，俟利苾可汗退朔州，并向唐乞援。太宗命营州都督张俭、兵部尚书李世勣为朔州道行军总管、李大亮为灵州道行军总管、张士贵为庆州道行军总管、

李勣像

李袭誉为凉州道行军总管分五路进击薛延陀，在诺真大败薛延陀，薛延陀退兵纳贡，请求与突厥和亲。十二月，唐军败薛延陀，杀3000人，俘50000余，逃回漠北的余部又因大雪冻死十之八九，大度设逃走，薛延陀遣使入唐谢罪。贞观十六年（642）九月，薛延陀派其叔父献珍宝向唐求婚。十月凉州契部依附薛延陀，左领将军契苾何力被胁往，太宗以使告知将以新兴公主嫁薛延陀，换回契苾何力，后借口薛延陀未往灵州相会，而下诏拒绝薛延陀请婚。贞观

十九年（645）九月，真珠可汗死，其二子曳莽与拔灼不合，拔灼袭击曳莽，自立为颉利俱利薛沙多弥可汗。拔灼暴虐无道，诛杀大臣，人不自安。十二月，拔灼乘唐军征高丽，兴兵十余万南攻，唐军早有所防。贞观二十年（646）正月大败薛延陀拔灼军。六月唐乘薛延陀内乱，派执矢思力、契苾何力、张俭等军，攻打薛延陀。宇文法奉太宗命到乌罗护、靺鞨，遇薛延陀阿波设的军队，宇文法率军大败阿波设，薛延陀受惊，部落混乱。同年六月，唐又命李道宗乘胜攻打薛延陀，拔灼兵败逃走，被回纥军队攻杀。不久，唐又派李世勣击溃薛延陀部余众，至此，唐平定薛延陀，北荒尽平。

## 王玄策破中天竺

王玄策是唐初出使印度（天竺）的使臣，贞观年间曾任黄水（今广西罗城西北）县令。贞观十七年（643）随朝散大夫李义表送摩揭陀图使者返回天竺，在天竺两年。贞观二十二年（648）又出使天竺（中天竺），显庆二年（657）至龙朔元年（661）又三次使天竺。著有《中天竺国行记》。

贞观二十二年（648）五月，王玄策以太子右卫率长史衔奉使天竺。天竺在当时分为东、西、南、北、中五天竺，中天竺最强大，其余四天竺均臣属于中天竺。王玄策到天竺后，诸国都派使向唐朝使者朝贡。适逢中天竺国王死，大臣阿史那顺自立为王，发兵攻击王玄策，王玄策只带有三十

西亚贵族供养人特写。新疆伯孜克里克第32窟北道内侧特写。图中一人跪坐，双手托金盘作供养状。盘里盛放果品，黑发黑须，灰眉黑眼，鼻子尖长。身穿红色长皮袍，翻毛镶边，右侧直开襟，腰下有护腹和扩胯。头戴覆盆形圆帽，顶部为方盖。帽里红色，外为蓝色。足穿红筒尖头黑皮靴。

《职贡图卷》。唐阎立本绘。国家之间的往来也是古代中外医药交流的重要途径。盛唐时期，许多外国使节来华，向中国皇帝进贡，贡品多为珍稀宝物，其中也不乏珍贵药材乃至医书。唐代阎立本所绘的这幅《职贡图卷》，反映了盛唐时期外国使节向唐王进贡的生动情景。

多名随从，拼力一战，力孤难持，被俘，阿史那顺将诸国向唐朝朝贡的物品全部掠走。王玄策乘夜逃走，到达吐蕃西部边境，玄策以书征邻国军队，吐蕃派兵 1200 余人精锐部队，泥婆罗（尼泊尔）国则派兵 7000 人到达中天竺听从王玄策指挥，王玄策与副将蒋师仁带吐蕃、尼婆罗兵 8000 余人大破中天竺，活捉阿史那顺，并俘虏他的妃子、儿子，另外还俘虏男女 12000 多人，还迫降了 580 多座城邑集落。

## 唐发兵攻龟兹

唐贞观二十一年（647）十二月，唐借口龟兹侵掠邻国，太宗命阿史那社尔、契苾何力、郭孝恪等率大军攻击龟兹。贞观二十二年（648）九月，阿史那社尔率军破处月、处密二部，令其百姓降唐。十月，阿史那社尔率军从焉耆西面进至龟兹北部边境，焉耆王薛婆阿那支弃城逃向龟兹，阿史那社尔追击并斩杀之，立先那准为焉耆王。龟兹守将纷纷弃城逃跑，龟兹国王诃利布失毕带领五万军队抵抗，被唐军队击败。十二月，阿史那社尔攻克龟兹国王据守的都城，由郭孝恪驻守。布失毕逃走，并占据拨换城。贞观二十二年（648）闰十二月，阿史那社尔攻破拨换城，俘虏龟兹国王布失毕。后龟兹军又引西突厥军队袭击龟兹都城，唐军守将郭孝恪阵亡，唐军仍奋战击退西突厥、龟兹联军。阿史那社尔后又攻破五座大城，七百多余座城归附唐朝，得几万人。阿史那社尔立龟兹王弟叶护为王，勒石记功后归。

## 李靖论兵

李靖（571 ~ 649），字药师，京兆三原（今陕西三原）人，是唐代著名军事家。他少时精研孙吴兵法，在后来长期征战过程中总结出自己较为系统的军事思想，主要体现在《卫公兵法》和《李卫公问对》等兵书中。

《卫公兵法》又称《大唐卫公李靖兵法》，分为上中下三卷，在军事学术上颇有见解。李靖特别强调以谋取胜，主张将领谋深虑远，反对临机应敌、陷于困境。书中对如何知己知彼决策制敌、带兵治军进行了具体论述，在总

唐王知敬《李靖碑》

结实际经验的基础上对《孙子兵法》有所深化。李靖还从理论上提出"持久战"问题，他对"兵之情主速"进行了具体分析，认为速战速决与持久战应根据实际情况使用，二者不可偏废，从理论上纠正了只讲速战、反对持久的片面观点，成为《卫公兵法》军事理论上的一个重要贡献。在治军方面，李靖突出严格赏罚，他认为赏罚分明是治军的当务之急，赏罚的施行要讲求时效性，并对如何实施赏罚作了详细规定，同时他也强调爱护兵士。《卫公兵法》还以较多篇幅论及战术问题，表明李靖对这个问题的高度重视和高深造诣。他强调在战术上重视敌人，即使对弱敌也必须慎重对待；在交战之前，必须审时度势，采取多种战术手法；对阵法、行军法、撤退法、行引法、安营法、教战阵法、旗法等都有独到的创见和详尽的论述。

《李卫公问对》又名《唐太宗李卫公问对》，简称《问对》，是以唐太宗与李靖讨论兵法的形式写成的问答体兵书。此书作者不明，应是对李靖事迹和思想有深入研究者，全书是对李靖军事思想的总结和阐发。书中提出，用兵的核心问题是争取主动权，无论进攻还是防御，这都是首要问题，这一观点至今仍堪称真知灼见。《问对》对《孙子》提出的"奇正"原则做了辨证的论述，总结前代兵家的见解，指出战场上没有固定划分，正和奇不是一成不变的，奇正在一定的条件下相互转化，善用兵者必须善于运用奇正转变规律，使敌人难以预料，以达到制敌的目的，这一论点明显高于前人。《问对》也揭示了奇正与虚灾的内在联系，指出只有知奇正，才能知敌虚实；只有知敌虚实，才能正确使用奇正，这样就能致敌而不被敌所知。

## 振兴儒学·运动兴起

隋唐五代的教育主要是注重儒学的教育，学制系统基本上是围绕儒学的基本精神建立和发展的。但在隋代，佛家、道家思想严重威胁了儒学在教育

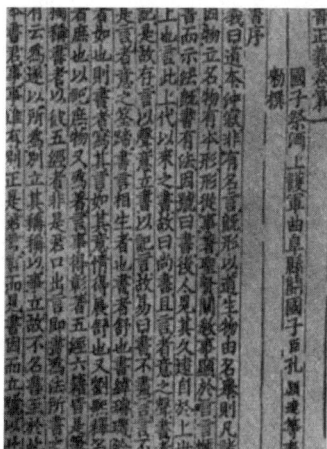

《五经正义》书影。孔颖达奉唐太宗命撰定《五经正义》，对旧传《五经》注传等进行疏证，为唐代科举考试提供了标准的经学典籍。

和思想领域中的统治地位，隋文帝在兴废儒学方面的反复就是典型的例子。

在唐初的100年时间里，统治者摒弃了隋朝弃儒佞佛的作法，在注重"三教并重"政策的同时突出了儒学在文教事业发展中的统治地位。在这种良好的背景环境中，儒学逐步完成了对前朝文教事业，特别是经学教育思想的总结和集大成的工作，儒学统一和复兴的局面随之出现，并涌现了一大批著名的儒家领袖人物，如房玄龄、杜如晦、陆德明、孔颖达等。此外，《五经正义》、《经典释文》等一大批重要的儒学经典问世，为唐代和后世提供了权威的教材和标准的科举考试。

隋唐五代的儒学不是传统儒学，而是经过整理和改造后的儒学，所以更加符合统治者的利益，也能得到历朝帝王的提倡。唐太宗自幼熟读儒家经史及文学之书，明确指出他所好的只有尧舜周孔之道，并在各方面显示对儒学的尊崇。贞观二十一年（647），唐太宗下诏让历代经学家左丘明、卜子夏、公羊高、谷梁素等21人配享孔子庙庭。同时敕令将孔颖达等人撰定的《五经正义》颁行全国，令在下传习。

太宗在为太子所作的《帝范》12篇中，基本上都采用了儒家的帝王之术思想。唐太宗以后诸帝基本上都崇尚儒术。唐玄宗在开元二十年下诏称孔子之术能启迪苍灵，美政教，化风俗，为此特追封孔子为文宣王，将孔子抬上了帝王之位。尤其重要的是，在唐初及玄宗时代，尊崇儒学已用法律形式固定下来，作为官方的政策来执行。唐玄宗还亲注《孝经》，以此作为全体百姓的御定课本。当时制定的《大唐六典》中，对发展儒学作了详细的规定，将振兴儒学的政策进一步具体化。玄宗以后，唐代各朝皇帝都在发展和振兴儒学方面作出了努力。代宗令官人子弟入学补国子生，同时选拔和培养经学师资，重兴太学。文宗时，根据国子监的奏言，把九经字体刻在石上，进一步加强了经学教材的统一。文宗、宣宗、武宗等也都采取了一系列的排挤佛道的措施，以试图重振儒学。

但唐太宗以后，崇佛崇道之风不断兴盛起来，如何对待佛教成了人们关注并想妥善解决的重大课题。一方面统治者看到佛道思想有许多可取之处，可作为儒家思想的补充；另一方面文人也看到佛道思想及学术成果有许多可资借鉴和学习的地方。因此，有不少人提出过以儒为主，合汇三教的积极主张，揭开了隋唐五代儒学思想矛盾、变化和发展的序幕。这一时期的儒学发展形态可以被称为"前理学时期"的儒学，是宋代理学思想的渊源。

## 李世民去世

贞观二十三年（649）五月，唐太宗病逝于翠微宫。

唐太宗李世民（599～649），隋朝末年追随其父李渊在太原起兵，曾镇压窦建德、刘黑闼等农民起义军，又消灭了薛仁果、王世充等隋末旧将的割据势力，为唐王朝的建立立下汗马功劳。武德九年（626）发动玄武门之变，成太子，后登上帝位。在位期间，推行府兵制、均田制、租庸调制，并加强对地方官吏的考核，令人修《氏族志》、《五经正义》，发展科举制度。他吸收隋朝的教训，任用贤人，

唐太宗昭陵

唐太宗像（选自《古帝王图》）

纳谏，唐初出现魏征等正直谏臣，任用房玄龄、杜如晦为宰相。贞观年间社会经济恢复发展，被称为"贞观之治"。贞观四年（630）击败东突厥，为铁勒、回纥等族尊为天可汗。平定薛延陀，击溃龟兹，还曾发展西域的交通，促进贸易和文化交流。贞观十五年（641），以文成公主嫁给吐蕃王松赞干布，促进了藏族经济、文化的发展，加强了汉、藏两族的友谊。贞观末为征高丽，

连年用兵，并营造宫殿，加重赋役，加深了阶级矛盾。

贞观二十三年（648）正月，太宗亲撰《帝范》12篇赐与太子李治，坦率承认自己并非完人，多有不当之举，弥留之际，叮嘱丧事从简，并令长孙无忌、褚遂良等辅佐太子，病逝于翠微宫含风殿。

# 昭陵六骏刻成

在唐代开国的历次征战中，唐太宗李世民曾先后骑驰六匹骏马驰骋疆场，与之同生死，共患难。出于对这六匹战马的缅怀之情，贞观十一年（637）十一月，唐太宗李世民命令匠师将六匹骏马的形象刻于石屏之上，并亲自为其作赞辞。后这石屏被置于安葬唐太宗的今陕西省礼泉县东北九山主峰的昭陵，称为昭陵六骏。镶嵌于昭陵玄武门下的六骏图，作东西对称排列，东为飒露紫、拳毛䯄、白蹄乌，西为特勒骠、青骓、什伐赤。其中现藏美国费城宾西法尼亚大学美术馆的飒露紫保存最为完好。此是李世民征讨王世充时的坐骑。在邙山之战中，飒露紫身中数箭，李世民身陷敌阵，与大军失散，护驾猛将丘行恭为该马拔出箭簇，使太宗脱险。画面即是以高浮雕手法刻画了丘行恭为马拔箭时的情节，浮雕中马前挺

飒露紫及丘行恭像（昭陵六骏之一）

拳毛䯄（昭陵六骏之二）

直，肩项高耸，丘行恭沉着镇定，双手握箭杆，暗运气力，人马动作虽不大，但处理极为含蓄，构图精练，手法异常细腻。其余五骏，以独马构成画面，

**071**

白蹄乌（昭陵六骏之三）

特勒骠（昭陵六骏之四）

什伐赤（昭陵六骏之五）

青骓（昭陵六骏之六）

有站立的，有缓步款行的，有奔驰的，姿态生动，形象各异，注重整体感和大的体面关系，巧妙地运用曲直劲利的线索和微妙的起伏变化，表现出骏马丰厚强健的体魄，收到了近乎圆雕的空间感和体量感。

昭陵六骏是唐代石刻艺术的精品，代表了这一时期我国雕刻艺术所达到的水平和取得的艺术成就。

## 欧氏父子创欧体字

中国唐代著名书法家欧阳询（557～641）精通书法，尤擅楷书，学二王（王羲之、王献之），劲险刻厉，于平正中见险绝，自成面目，创立"欧体"字，至后世影响极其深远。其子欧阳通，继承家学。欧阳父子均声著书坛，被称为"大小欧"。

欧阳询，字信本，潭州临湘（今湖南省长沙市）人，在隋代时书法就很有名，唐代时历任太子率更令，故欧字也被称为"率更体"。他和虞世南、褚遂良、薛稷并称为唐初四大书法家。

欧阳询由隋入唐，将二王书风带入唐代。他的书法远承魏晋，在六朝朴茂峻整的基础上创造了自己的风格，他初学王羲之，后书体渐变，笔力险劲，成为一时之绝。

他用笔古左隶出，凝重沉着，转折干净利落；结体紧结，方正浑穆，有一种极为森严的气度，在雍容大度中，又有险劲之趣。

欧阳询的墨迹，取王羲之法则，又行以隶法，晚年字形修长，笔势

欧阳询《九成宫碑》

欧阳通《道因法师碑》

欧阳询《梦奠帖》

见方，有：《梦奠帖》和行书《千字文》等。其中《梦奠帖》结体富于变化，最能表现欧书劲险刻厉、矛戟森列的特色。《史事帖》是他晚年力作，书体笔意近《兰亭序》，深得二王风气，被后人评为"欧行书第一文"。欧阳询传世碑刻有：《九成宫醴泉铭》、《皇甫诞碑》、《化度寺邕禅师塔铭》、《虞恭公温彦博碑》。其隶书碑刻有：《房彦谦碑》等，其中《九成宫醴泉铭》高华庄重，法度森严，用笔刚劲，纤浓得中，寓险峭于平正之中，成为学习书法的楷模。《化度寺邕禅师塔铭》书法静穆浑厚，严密秀腴，在精整险劲中别具风貌，是欧阳询晚年得意之作。

欧阳询之子欧阳通，继承文学，自幼临习父亲遗墨，深得嫡传，其险劲横逸甚至超过父亲。他的《道因法师碑》，隶意更浓，但锋颖过露，含蓄处不及其父，更缺少其父那种方正严穆、雍容大度的风貌。

欧氏父子所创的欧体字，凝重沉着，方正端严，劲险刻厉。张怀瓘《书断》说他"八体尽能，笔力险劲，篆体尤精……真行之书别成一体，……其

草书迭荡流通，视之二王，可为动色。"《宣和书谱》则列欧阳询为翰墨之冠。欧体字声名当时已远播国外，对后世影响更是深远，历代科举取任即以欧体字为考卷的标准字体，学书者也多以此为楷书入门的最佳范本。

## 王绩《野望》显示唐律诗成熟

　　王绩（585～644），字无功，号东皋子。绛州龙门（今山西河津）人。初唐诗人。隋大业（605～616）中举孝悌廉洁科，授秘书省正字。出为六合县丞。因嗜酒被劾去职。唐初待诏门下省，一度为太乐丞。不久，即归隐。他的诗多以山水田园为题材，其中透露出一种保全自身的避世思想，也往往寓有抑郁不平的感慨。他的诗摆脱了唐初浮靡的诗风，对唐代五言律诗的形成也有一定的贡献。

　　《野望》诗是早期出现的成熟的五言律诗之一，是王绩的传诵之作。这首诗描写秋原景物，反映了诗人孤独忧郁的心情。诗的开始两句"东皋薄暮望，徙倚欲何依"，指出诗人是在夕阳黄昏的"薄暮"中"野望"，眼前是一片苍茫的暮景，恰好与他彷徨消极的心情相协调。接着四句"树树皆秋色，山山唯落晖。牧人驱犊返，猎马带禽归"，具体描写野望之所见。只见所有的树木都凋残枯黄了，一座座山峰都覆盖着落日的余晖，自然景物是衰败暗淡的。牧人和猎马也都返回了自己的家园，更衬托出诗人的孤独之感。最后诗人又"相顾无相识"，所以便只好"长歌怀采薇"来作为自己的精神寄托了。

　　这首诗借景抒情，质朴自然，洗尽了宫体诗的浮华和淫艳的风气，这在

《灞桥风雪图轴》。明吴伟绘。唐长安县东（今西安市东）的灞桥，是唐人送客留步处，折柳赠别，至此黯然，故又名销魂桥。"灞桥折柳"曲故与"灞柳风雪"，成了唐以来文人墨客寄托惜别之情的绝佳题材。

初唐十分可贵。初唐时律诗尚未完全定型，不合律的情况时有所见，而此诗却比较规范，是一首比较成熟的五律，对偶工整妥帖，但又自然而不呆板。因而此诗对唐代五言律诗的形成具有一定的影响。

## 邸店成为最早的钱庄

邸店最早出现于南朝时期，到隋唐时获得了很大的发展。唐初时法律上明确规定了邸店的含义为："居物之处为邸，沽卖之所为店。"但邸店实际上并没有这样严格的区别，它既同贩运商相联系，又同零售商相联系，可以说是批发商同零售商之间的中间环节，除了收储、寄存客商的货物进行货栈业务之外，还替客人代理批发和销售业务，因此，

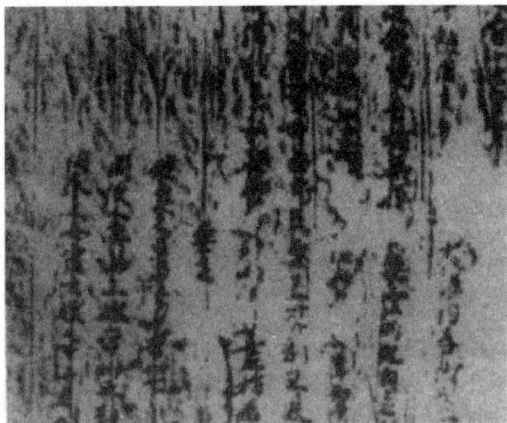
唐霍昕悦借票文书

唐掐丝团花金环

邸店事实上成为存积货物、商品贸易和商旅住宿的场所，经营的商品数量大，营业额极丰，生意非常兴隆，这需要有大量的款项来收储拨兑，所以邸店又开设了很多金融业务，于是邸店成为中国最早的钱庄。

邸店既经营直接交易，又经营居间交易，还开办大量的储货、住客业务，所获的利润非常丰厚，邸店的金融业务规模也很大，经手的数目常常过千万，吸引了很多富商

大贾在京城、各重要的通商口岸和商业发达的城市大量地开设邸店。如据《太平广记》记载，定州的何名远在每一个驿站旁边都设立邸店；有的大商人在长安西市的秤行南边开办了二十多间邸店，每天获利润几千文；西京的富商邹凤炽所造的邸店更是"遍布海内，四方物尽为所收"。各地有权有势的官吏，尤其是藩镇，也纷纷经营邸店牟取暴利。唐朝为此曾在开元、大历年间颁布三次禁诏，一再禁止官员开设邸店，以此试图树立官员清正廉明的形象，限制这种风气的蔓延。但屡禁不止，官员和各种富商开办的邸店越来越多，使这种最早的钱庄迅速发展起来。邸店对唐朝商业发展起了很大的促进作用。

## 踏歌流行

　　唐代舞蹈高度发展，群众性舞蹈活动亦十分兴盛。"踏歌"便是一种极为盛行的节日群众性歌舞。

　　"踏歌"历史十分悠久。著名的青海大通县出土的新石器时代舞蹈纹彩陶盆，所绘五人一组牵手而舞的形象，可以说是对这种舞蹈形式最古老的形象描绘。相传尧帝时"有壤父五十人，击壤于康衢"（《太平御览》引《逸土传》）的《击壤歌》），也是与"踏歌"十分相似的民间歌舞。原始时代氏族成员人人都可参加的自如歌舞，应是"踏歌"的渊源。

　　唐代，在乡村、城镇，其至宫廷组织的庆祝活动中，"踏歌"是人们十分喜爱的自由舞蹈。当时许多著名诗篇，描述了

唐踏谣娘舞俑

民间"踏歌"的情景："李白乘舟将欲行，忽闻岸上踏歌声。"据《朝野佥载》说，先天二年（713）元宵节之夜，在安福门外装置了裹锦绮饰金银高20余丈的大灯轮，燃灯5万盏。上千名宫女穿锦绣衣，戴珠翠饰品（据说装扮一

名女伎需 300 贯钱）。又从长安、万年（今临潼县西北）选出千多个青年女子，也穿戴得十分华丽，组织成数千人的"踏歌"队伍，在灯轮、火树、银花之下踏歌三日三夜。

《新唐书·礼乐志》和《乐书》也记载了大中初（847～852）一次欢宴群臣时也曾组织过数百名伶人"踏歌"的史实。那些女伶，穿丹黄或浅紫色绣衣，饰珠翠，分行列队。趋走俯仰，连袂而歌。乐声清越有如仙乐一般。当时的文人学士为宫廷"踏歌"作过许多《踏歌词》，在作为唱词的同时，也描绘了宫廷"踏歌"豪华盛大的场景和旖旎万方的歌情舞态："彩女迎金星，仙姬出画堂。鸳鸯裁锦袖，翡翠贴花黄。歌响舞分行，艳色动流光。……金壶催夜尽，罗袖拂寒轻。乐笑早欢情，未半著天明。"（崔液）"龙街火树千灯艳，鸡踏莲花万岁春……西域灯轮千影合，东华金阙万重开。"（张说）"情看飘飘雪，何如舞袖曲……欲同今朝乐，但听歌声齐。"（谢偃）张祜《正月十五夜灯》诗云："三百内人连袂舞，一时天上著词声。"敦煌莫高窟220 窟北壁，《车方药师净土变》描绘"极乐世界"的初唐壁画，金碧辉煌，再现了唐代宫廷乐舞的盛大场景：高大的灯楼耸立中间，舞人排列两旁，两株灯树分立，彩灯满缀。形象地印证了史籍记载及唐人诗歌中关于宫廷"踏歌"活动的描述。

## 长安坊市兴旺

唐代社会安定，经济发展，商业继隋代之后继续繁荣，并取得了大的进展。唐都长安仍然实行坊市制，繁华程度远远超过隋代东京。

坊市制是中国古代官府对城区规划和市场管理的制度，又称市坊制。从西周即开始实行，城市建筑的格局分为市（商业区）和坊（住宅区），市内不住家，坊内不设店肆。市门朝开夕闭，市的设立、废撤和迁徙都由官府管理，市内店铺按商品种类区分，排列在规定地点，称为"肆"或"次"，其商品、交易人、度量衡、价格、税收等都在市官的监督和管辖下。

唐代城市工商业较为发达，市场规划整齐，被认为是坊市制最成熟的典型。长安城内有南北向大街 11 条，东西向大街 14 条，全城居民区分为 104 坊，

每坊占三百步。城南朱雀门大街的东西部各设有占地两坊的东市和西市，是集中的商业区。

全城街道笔直、整齐划一。市内货肆行铺林立，商贾聚集，东市有220行，四面设邸店，西市市内如东市相仿，"市署前有大衣行，杂糅货卖之所"（韦述《两京新证》）。会昌三年（843），东市附近发生火灾，一下子烧毁东市曹门以西的12行400多家店铺，由此可见当时店铺之多、规模之大。

随着商品经济的进一步发展，到了唐代后期，商业活动已渐渐不限于两市，在两市邻近的各坊和城门附近也有手工业者和商人摆摊设店，进行交易。大城市出现了夜市，打破店肆白天营业的惯例。

坊市制在唐代达到鼎盛时期，到北宋年间，这种自古相沿的商业体制被打破，市场的地域限制和时间限制逐渐取消，城里随处可开设商铺，小商贩也可在各处沿街叫卖，夜市盛行，城市各处都形成繁华的商业区，并出现专门性批发交易市场。明清之后，近代市场形成。

## 江东犁出现

唐代的农业生产力获得巨大发展，明显表现为农具在构造和使用上的进步。南方"江东犁"这一新式农具的出现就是证明。

"江东犁"又称曲辕犁，唐陆龟蒙在《耒耜经》中对其组成结构有相当详细的介绍。它的构成部件有11个，铁制的部件有犁镵（又称犁铧）和犁壁；其他犁底、压镵、策额、犁辕、犁梢、犁箭、犁评、犁等零部件为木制。从《耒耜经》记载来看，唐代江南地区这种犁的使用已经相当普遍。

"江东犁"与以前的犁相比已有很大改进，与近代

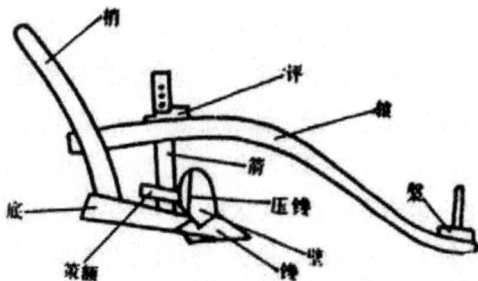

唐曲辕犁各部名称图

农村中使用的犁没有多大差别。

首先，它的短辕、曲辕较之从前的直辕、长辕减轻了犁架重量，降低了受力点，从而使扶犁而耕者的体力消耗大大降低，而畜力的使用效率则得以提高。以往长辕犁"回转相妨"，"江东犁"以轻巧见长，无此弊端，转弯方便，操作灵活。其次，它的铁质犁镵"长一尺四寸，广六寸"，尖锐而窄长，呈明显的等腰锐角三角形，翻起的耕垄较窄，达到"犁欲廉"的要求，适于耕作南方比较粘重的土壤。其三，犁镵可以转动，且可用软套索、曲轭牵引，便于摆动犁体、掉转方向，使传统"二牛三人"的操作方式变为一人二牛。其四，增加了犁评。通过犁评的进退调节犁箭的长短，用以改变牵引力的高低并控制翻土的深浅度。其五，耕者把握的扶手犁梢长达四尺，成为相对独立的部件，使耕者能更好地操纵耕犁，掌握耕垡的宽窄。其六是，江东犁犁壁侧面扭向角度很小，"镵卧而居下，（犁）壁偃而居上"不成连续曲面，这样耕出来的垡条是断续的，与欧洲犁耕出的连续垡条不同。这种窄垡的作用，一方面可使耕深较少受耕宽的限制，而往往大于耕宽；另一方面，在低速的牛力条件下，可达到碎土的要求，使耕地质量得到保证。

由上可知，"江东犁"的基本结构和原理不单适用于南方水田耕作区，同样也适用于北方旱作地区。它的出现，是我国耕犁发展史上的一次重大革命，也是较完整的水田耕作农具体系形成的标志之一。

## 卷轴装经折装图书盛行

从隋唐开始，卷轴装、经折装图书先后盛行。

隋唐主要是写本书，尤其6~7世纪是写本发展到最高峰的时期。作为这时期写本书形式的卷轴制度，发展到了一定的高度。

在历史上，写本书是接续着帛书出现的。写本书书写时可以"依书长短，随而裁之"，要用几张纸粘连才能成为一卷。纸卷的长度不同，长的有二、三丈，短的仅二、三尺；每张纸的一般长度为40~50公分左右，高约25~27公分。为了辟蠹，卷子用的纸大都用黄檗染过，名为"潢纸"。每张纸上用墨或铅划上直行，唐时称为"边准"，上下也有栏，称为"边栏"。每张纸一般为

20 行至 30 行，每行字数经卷一般为 17 字左右。

卷、轴、褾、带，是卷子书的四个主要组成部分。卷子的轴，通常是一根有漆的铜木棒，比卷子的宽度要长一点，两头露在卷外，以便卷舒。卷子右端往往接上一张较坚韧而不写字的纸，以资保护，叫做"褾"。为了防止破裂，在卷子的两端及上下天地，装裱边缘，称"装池"。褾头再系上一种丝织品的带子，作为扎缚之用。

卷轴装《齐民要术》

一部书往往有许多卷，为了免于把一部书和别的书混在一起，通常用布或其他材料包裹起来，叫做"帙"。

卷子在书架上排架时，总是轴头向外，这样就便于抽出和插入。所以称为"插架"。

经过长期的使用，人们对卷子的形式感到不便。因为卷子展开、卷起都非常费时费事，如果想在一卷的中段或末段检查一字一句，需要展开全卷或大半卷又重新卷起。于是有人把一幅长卷一反一正地折叠起来，成为长方形的一叠，在这叠纸的前后，各加一张硬纸，以便保护。这就出现了一种新的书籍形式，称为"经折装"，在使用上更为便利了，人们要查阅哪一页书，就可以直接翻到那一页，而无需把全卷都展开来了。

中国用线装订书籍大约出现在唐末、五代时期，盛行于明代中期以后，线装装帧在中国传统的装订技术史上最为进步。线装书既便于翻阅，又不易散破。散破了也便于重装，恢复原貌。这种装帧现在依然流行，并被视为典雅的装帧。图为发现于敦煌藏经洞的线本《金刚般若波罗蜜经》。

经折装是折叠式的最初形式，使用时较卷子便利。根据其容易散开的缺点，人们后来又对其加以改进，成为"旋风装"，实质上已是册页的书，而在外形上却还保留着卷

子的形式。

由卷轴装到经折装，反映着古书从旧形式向新的书籍形式的演变过程。

## 李百药撰《北齐书》

《北齐书》为记述北朝高齐一代史事的纪传体史书。原名《齐书》，宋代始加北字，以示与萧子显的《南齐书》相区别。《北齐书》为唐太宗贞观年间诏修的五代史之一，李百药撰。李百药（565 ~ 648），字重规，定州安平（今属河北）人。隋时，历任太子舍人兼东宫学士、礼部员外郎等；入唐后，官至中书舍人、散骑常侍。

唐贞观元年（627），李百药奉诏撰齐书，在其父所编《齐书》旧稿的基础上，又参采隋王劭《齐志》及其他书籍，加以增删改写，于贞观十年（636）撰成《北齐书》50 卷，包括本纪 8 卷，列传 42 卷，无表志。

《北齐书》记载了东魏建国、北齐伐东魏至北齐为北周所灭这一时期（534 ~ 577）共 44 年史事。该书至北宋时仅剩残卷共 17 卷。其余部分，乃是后人据李延寿《北史》和高峻《高氏小史》等唐人著作补缀而成。本书由众手辑他书补缀而成，体例不纯，记事亦互有矛盾，只是由前人所撰之北齐史书多已佚失，现在所存唯此书，因而该书对保存北齐史料有一定的作用。

## 修建九成宫、华清宫

隋唐的统治者为了满足其避暑消夏和穷奢极欲的需求，在长安、洛阳附近和全国许多环境优美的风景名胜之地，兴建了许多离宫别院，如长安附近的九成宫、翠微宫、玉华宫，临潼温泉华清宫，洛阳附近的万安宫、三阳宫，嵩山奉天宫，渑池紫桂宫，永宁绮岫宫，太原附近的晋阳宫、汾阳宫等，规模巨大，建筑豪华绮丽，其中以九成宫和华清宫最为典型。

华清宫，为唐代所建离宫之首，位于陕西省临潼县骊山北麓，此地有温泉

华清宫

涌出，山上瀑布飞泉，重岗青翠，景色绝佳。周秦时期就曾在此建离宫，隋文帝也在这里营造宫室，唐贞观十八年（644），在此修建温泉宫，747年，又大举兴造扩建，并更名华清宫。华清宫面向北，宫内随地势之高下曲折，因地制宜规划修建殿、台、亭、阁几十处，寝殿名飞霜殿，掩映在青松翠柏之间。宫内建有若干温泉浴室、石制浴池。每年冬春之际，唐玄宗居住此宫，宫前建有百司衙署和公卿邸第，使骊山几乎成了冬季的临时都城。是我国历史上最著名的离宫型园林。诗人杜牧有诗云："长安回望绣成堆，山顶千门次第开。一骑红尘妃子笑，无人知是荔枝来。"就是唐明皇和杨贵妃在此生活享乐的逼真写照，至今流传的许多关于其二人的故事，大都是以华清宫为背景的。

　　九成宫，位于陕西省麟游县附近的天台山上。这里层峦叠嶂，群峰环绕，松柏常青，泽茂草丰，又以醴泉而闻名。九成宫始建于隋文帝开皇十三年（593），初名仁寿宫。后毁于战火。唐太宗贞观五年（631），在破壁残垣的基址上将宫殿重新修复，更名九成宫。它规模宏大，宫垣周长"一千八百步"，宫内建有华丽的殿寝楼台，引水凿池可以泛舟，环池建飞廊高阁，并建有宫寺、武库等建筑。据《九成宫醴泉铭》描述九成宫"冠山抗殿，绝壑为池，跨水架楹，分岩竦阙，高阁周建，长廊四起，栋宇胶葛，台榭参差。仰观则迢递百寻，下临则峥嵘千仞。珠璧交映，金碧相辉，照灼云霞，蔽亏日月"。可见当时建筑之富丽堂皇。自武则天执政后，政治中心东移，这座著名的离宫逐渐被人遗忘。

从华清宫、九成宫可以看到唐代是离宫别院建筑的极盛时代。

## 唐人写经多出高手

唐代佛道普及,写经成为唐代书法中值得重视的品类,唐人写经高手辈出。唐代写经书法风貌大致可分为初、中、晚三个阶段。初唐由隋而入,接踵隋代《大般涅槃经》,贞观二十二年(648)国铨所书《善见律》与之同风;龙朔二年(662)尉迟宝琳命经生沈弘所造之《阿毗昙毗婆沙卷五十五经》,已趋于轻瘦修长,结体整饬,运笔精到,秀色可餐,与咸亨三年所写趋于一致。

进入开元天宝年间,书体笔划渐趋润厚,提按较速,整体上尚能保持统一,个别字不够谨严,微露败笔,开元二年(714)书《金刚般若波罗蜜经》,天宝六载(747)和十五载(756)书《大般涅槃经卷第三十》、《妙法莲华经卷第七》诸经书风,基本一致。

至迟到文宗李昂大和时开始,写经书体肥厚,结体由修长而扁方。写经高手如门下省群书手公孙仁约、秘书省楷书手孙爽,以及经生王思谦、沈弘、张昌文等人,他们的书体精良,布局合理,疏密相间,即是上万字的正楷经卷,能一以贯之,一气通之,而无一懈笔。另外,还有一般民间写经高手,如敦

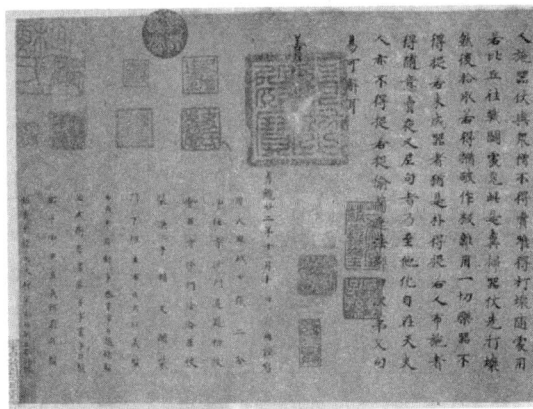

唐代国铨《善见律经卷》。国铨,唐太宗时人。

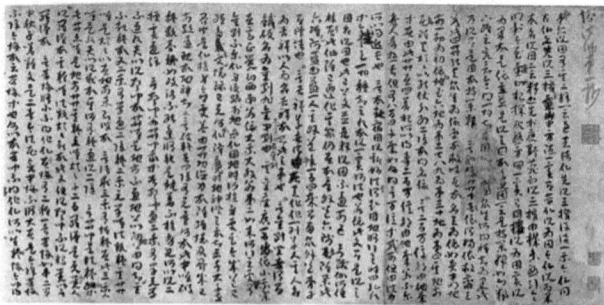

唐《恪法师第一抄卷》

煌郡的王崇艺、张嗣球等人，虽在天宝年间唐朝最繁荣时期，但功夫欠缺，功力不厚，书法不佳。但也有例外，如开元二年索洪范造《金刚般若波罗蜜经》七卷等。

作为唐代书法艺术的有机组合，更引人值得为之瞩目的，是今日犹传少量的"佛经说法讲义稿"（姑借用此称谓），为智僧大和尚在佛坛讲学的稿本，纯用今草书写，与一般写经出规入矩大不一样，信手写来，信笔所至却笔法精到，可与《十七帖》媲美。

## 走马灯出现

隋唐时期，社会的经济、生产大大地发展，人们的生活水平也得到了很大提高。为了满足人们各方面的娱乐需要、丰富人们的业余生活，隋唐时代的发明家和能工巧匠们就制作了许多游艺性机械。走马灯就是在这时出现的。

"走马灯"是后人的称谓，其实它是一种特殊的灯笼。发明家依据燃气动力原理，设计了如下结构与装置：在灯笼的正中处竖一立轴，立轴上部横置一个叶轮；叶轮下面，靠近立轴根部处放置一盏灯或一支蜡烛；灯（或烛）燃着后所形成的热空气产生上腾力，就会推动叶轮回转，与立轴相连的纸剪人物和骏马也就跟着一起转动，看上去像是在奔跑。那些东西都是罩在灯笼里面的，旋转时它们的影子就会投射到外壁上，于是就产生了许多有趣的活动画面。

有关走马灯的记载约见于唐代。郑处海《明皇杂录》上说："皇上在东都恰巧赶上正月元宵夜，就下塌上阳宫，挂起了许多影灯。"《说郛》收《影灯记》说："洛阳的人家元宵节时以拥有影灯多而为豪，描述那种盛景的词说是'千影万影'。"可见当时人们是如何地喜欢走马灯，从一个侧面也说明当时人们生活的兴盛景象。

## 莴苣、菠菜、西瓜引进

隋唐时代，人们很重视蔬菜的栽培。《四时纂要》一书记述的农事活动，便以蔬菜和大田作物占的份量最大。而且，在这一时期，从国外引进了一批新的蔬菜和水果品种，现在仍是日常重要菜蔬的莴苣和菠菜以及夏天人们喜欢的西瓜就是当时从外国传入的。

莴苣原产西亚，隋代开始引入我国，杜甫的《种莴苣》诗是最早提到它的有关文献。北宋初《清异录》也有记载说："呙国使者来汉，隋人求得菜种，酬之甚厚，故因名千金菜，今莴苣也。"

菠菜，在唐初就开始传入我国并有较为具体的记载，如《唐会要·泥波罗国》（卷100）中说"（贞观）二十一年（647），遣使献菠稜菜、浑提葱"。可见，

西安出土的唐三彩西瓜

唐代牵驼胡俑。作品真实地反映了胡人长途行旅的情景。

莴苣、菠菜在我国的栽种自隋唐始，到现在仍是人们喜爱的菜蔬。

夏季消暑佳品西瓜，原产非洲。据史料记载，在隋、唐之际已传至回纥，在《新五代史·四夷附录》中有西瓜引进中原的最早记录，说五代（907～960）时同胡峤居契丹七年，曾从回纥得到西瓜种，"结实大如斗，味甘，名曰西瓜。"发展到南宋时，黄河以南以及长江流域西瓜栽种已较普遍，有范成大《西瓜园》诗注："（西瓜）本燕北种，今河南皆种之。"可见，西瓜种植在我国是由北而南的。但是，由于1959年在杭州水田畈新石器时代遗址及以后陆续在广西贵县罗泊湾西汉墓、江苏高邮邵家沟东汉墓中发掘出"西瓜"种子，因而在学术界引起了关于我国西瓜栽培的历史和起源问题的争论：一说主张我国"西瓜"古来即有，结论推崇"西瓜"起源为多源产物；另一说认为西瓜原产非洲后扩及世界，隋唐时传至回纥，五代时引进我国中原。

莴苣、菠菜和西瓜的引进，是隋、唐园艺技术发展的表现。

## 开始人工培养食用菌

我国很早就知道真菌门担子菌纲中的某些种类可供食用，汉《尔雅》郭璞注中说到有一种"地蕈""可啖之"；北魏《齐民要术》中提到木耳的食用方法的也有三处，但都没有提到人工培养。到了唐代，人们懂得了利用都城长安附近的地热资源进行蔬菜的促成栽培，并在实践过程中，逐渐了解到食用菌的生长需要有一定的温度和湿度条件，从而开始了食用菌人工培养的历史。

唐《四时纂要·三月》首次记述了我国有关食用菌的培养方法："种菌子：取烂构木及叶，于地埋之。常以泔浇令湿，两、三日即生。又法：畦中下烂粪，取构木可长六、七尺，截断槌碎，如种菜法，于畦中匀布，土盖，水浇，长令润。如初有小菌子，仰杷推之；明旦又出，亦推之；三度后出者甚大，即收食之。本自构木，食之不损人。构又名楮。"这段记载详细地记录了培养食用菌所需的树种、食用菌生长所需的温、湿度条件，培育过程中的具体操作方法，而且还知道"有小菌子，仰杷推之"以帮助菌种扩散，促生大菌的方法，可以说是栽培技术上的一项重大的突破。

食用菌的人工培养，是唐代蔬菜栽培技术取得的成就中较突出的一项，是我国劳动人民善于总结自然界万物生长规律的成果，它丰富了我国的蔬菜品种。

# 花卉业兴盛

唐代中晚期以来，花卉业在一些大城市及其周围地区发达了起来。出现了靠出售花卉为生的专业花农，甚至寺观的僧尼也纷纷种花"以求利"。同时，在大城市中出现了花卉销售的集中地——花市。这些都表明当时花卉业的兴盛。

唐代的花卉业，特别值得称道的是牡丹栽培的兴起和盆景开始出现。牡丹的栽培大约始于武则天统治时代，唐宪宗元和（806～820）年间，时人舒元舆《牡丹赋·序》说："天后之向西河也，有众香精舍，下有牡丹，其花特异，天后叹上苑之有阙，因命移植焉。由此京国牡丹日月寝盛。"牡丹又因受到唐玄宗（712～756）的赏识而名声日盛，并逐渐影响到社会上，成为一时的名花。牡丹栽培成了时代潮流，代代相传，而且牡丹成了富贵祥和的象征，

后被喻为中国国花，可见影响之深远。

　　盆景的出现，则是我国园艺技术高度发展的产物。它是用木本或草本植物和水、石等经过艺术加工，种植或布置在盆中，使之成为自然景物缩影的一种艺术作品。根据考古发掘和文献记载可知，盆景在唐代开始出现。1972年发掘的陕西乾陵唐代墓，在墓室甬道东壁上绘有一双手托盆景的侍女，盆景中有小树和假山。唐阎立本画的《职贡图》中也有一盆内有山石盆景，玲珑精致。唐人冯贽在《记事珠》中也有类似记载。由上也可见，唐代盆景多以山石装点为主要内容。

## 651~660A.D.

# 唐朝

### 651A.D. 唐永徽二年

正月，西突厥阿史那贺鲁拥众西走，自号沙钵罗可汗，西域诸国多附之。

### 653A.D. 唐永徽四年

二月，高阳公主及附马都尉房遗爱等谋反，事发，皆死。十月，睦州女子陈硕真起事，称文佳皇帝，十一月，硕真被俘死。《唐律疏仪》颁行，对后代及东亚影响巨大。

### 655A.D. 唐永徽六年

二月，新罗为高句丽、百济、靺鞨所侵，遣使求救；遣程名振等击高句丽。五月，程名振等败高句丽兵于贵端水。十月，废皇后王氏、淑妃肖氏，十一月，册立武昭仪武氏为皇后，王妃、肖妃旋为武后所害。

### 656A.D. 唐显庆元年

正月，以太子忠为梁王，立代王弘为皇太子。十二月，程知节前军苏定方大败西突厥鼠尼施部，欲乘胜深入，知节不许，坐逗留免。

### 657A.D. 唐显庆二年

十二月，苏定方等大破西突厥。牛头宗创始人法融去世。

### 658A.D. 唐显庆三年

正月，长孙无忌等上所修新礼。五月，徙安西都护府于龟兹，以旧安西为西州都督，镇高昌故地。六月，程名振、薛仁贵等败高句丽兵，拔赤烽镇。

### 659A.D. 唐显庆四年

四月，许敬宗希武后旨诬长孙无忌谋反。六月，改氏族志为姓氏录，升后族为第一，余悉以仕唐官品高下为准，凡九等。七月，许敬宗希武后旨，遣人逼长孙无忌自缢。自是政归武后。十月，令山东著姓崔、卢、李、郑、王不得自为婚姻。李延寿作南史北史成。

### 660A.D. 唐显庆五年

三月，新罗以百济侵扰，请救；遣苏定方等击之。苏定方等自海道至百济，击降之，以其地置五都督府，十月，帝苦风眩，政事委武后裁决。诗僧王梵志去世。

### 651A.D.

西哥特王国第九次宗教会议举行于托利多，禁止犹太人庆祝自己之宗教节日，此为对犹太人迫害之始。

## 《唐律疏议》颁布·唐律完善

新疆吐鲁番出土的唐律残片。唐律为唐代律典总称。世卿世禄制度下"法"只针对民，随着世卿世禄制的瓦解，对官的考绩也写入了中国的法律。

永徽四年（653）十一月，颁行《唐律疏议》，标志着唐律的完善。

永徽二年（651）高宗令长孙无忌等撰《永徽律》，分律、令、格、式四种，共500条，分《名例律》、《卫禁律》、《职制律》、《户婚律》、《厩库律》、《擅兴律》、《贼盗律》、《斗讼律》、《诈伪律》、《杂律》、《捕亡律》、《断狱律》等12篇。为了统一解释律文，永徽三年（652），高宗又令长孙无忌、李勣、于志宁等人做解释律文的疏义，共12篇，30卷，原名《疏议》，后宋改为《唐律疏议》，它照录《永徽律》原文，逐条进行注解。其注解是集中唐以前法律大成的法典，着重鼓吹君主专制，封建伦理和等级制度。是宋、元、明、清朝代制定和解释封建法典的蓝本，是我国现存至今最古老、最系统、最完整的封建法典，对中国、及国外都产生了深远的影响。到永徽四年（653）十月，颁行全国，标志着唐律的完善。

## 武则天立为皇后

武则天像。武则天当政期间，曾大力推行科举制，破除世卿世禄特权，为科举取仕开辟了更广泛的前途。

永徽六年（655）十月，高宗李治废王皇后为庶人，立武则天为皇后。

武则天（624～705），名曌，父亲武士彟原先经营木材，后因军功而发迹。

武氏自幼好学文史，巧慧善权术。14岁时，因貌美被太宗纳入宫中为才女，赐号武媚，太宗死后，入庵为尼。太子李治颇喜武媚才色。即帝位后，因王皇后欲借武媚使高宗疏远肖淑妃，屡劝高宗纳武媚，遂召入宫，颇受高宗宠信，封号昭仪。王皇后、肖淑妃渐渐失宠。武则天扼死自己亲生女，诬为皇后所为，高宗始有废皇后之意，高宗征求权臣长孙无忌意见，长孙无忌坚持反对。永徽六年（655）五月，中书舍人李义府被长孙无忌所恶，将调远州司马，采他人建议，上表请废王皇后，立武昭仪，迎合高宗之意，高宗甚悦，赐珠一斗，留居旧职，武昭仪亦密使人劳勉李义府，后又拜中书侍郎，遂成武氏心腹。九月，高宗几次召见长孙无忌，李勣、褚遂良、于志宁等元老重臣议废皇后之事，均坚决反对，理由是："皇后名家，先帝为陛下所娶，武氏出身低微，曾事先帝，立之恐以恶名留世。"宰相韩瑗、宋济也力谏。后高宗以废后事问李勣，李勣因与长孙无忌等有隙，遂说："此陛下家事，何必更问外人？"高宗遂以王皇后无子，武昭仪有子，于十月下诏废王皇后、肖淑妃为庶人，册立武昭仪为皇后，武氏时年30岁。不久，武后将王皇后和肖淑妃幽禁起来，并用极其残酷的手段斩去手足置酒瓮中数日而死。改王氏姓为蟒氏，改肖氏姓为枭氏。

## 日本遣唐使几次来华

永徽四年（653）五月，日本派遣唐大使吉士长丹、副使吉士驹、学问僧道严、学生巨世药等121人同乘一条船赴唐（据说还有学问僧及学生14人），同时另外派遣唐大使高田根麻吕等120人乘另一艘船赴唐，七月，高田根麻吕等120人所乘之船在萨摩国萨麻郡邻近地区遇。这是日本遣唐使第二次来华，也是日本大化革新（645～654）后首次遣使赴唐。永策五年（654）二月，日本遣唐押使高向玄理、大使河边麻吕、副使药师惠日赴唐。押使高向玄理（曾为长安留学生）在唐病死。七月，前遣唐大使吉士长丹等与新罗百济使一同

遣唐使船（部分）。中国自古以来就与域外民族广泛进行经济文化交流。日本由唐初至唐末共派遣19次"遣唐使"至中国，学习中国文化。图为日本遣唐使船航行于中国东海之上。

回到筑紫。

从贞观四年（630）始至乾宇元年（894），日本共派 19 次遣使来华。日本遣唐使来华，加强了中日两国文化交流。

## 苏定方大破西突厥

显庆二年（657）十二月，唐平定阿史那贺鲁之叛，西突厥旋即灭亡。

唐贞观末年，西突厥乙毗射匮可汗击溃咄陆可汗后，咄陆部阿史那贺鲁率残部数千帐降唐。太宗置瑶池都督府，任命阿史那贺鲁为都督，居住在庭州境内，阿史那贺鲁招集散落的部众，势力渐大，乘太宗死，在高宗永徽二年（651）率部众西走，击败乙毗射匮可汗，在双河和千泉建立牙帐，自称沙钵罗可汗，西突厥各部及西域诸国多依附他，拥有数十万兵力。永徽六年（655），唐派程知节、王文度、苏定方率兵进攻沙钵罗，大胜。但王文度妒嫉苏定方功高，按兵不动，失去铲除沙钵罗机会。永徽七年，沙钵罗屠掠庭州，唐派何力等领汉军三万、回纥军五万击退沙钵罗。

显庆二年（657）闰正月，唐命苏定方、阿史那弥射、阿史那步真（太宗时率众归附的西突厥可汗）分路领兵从北、南两路出击沙钵罗。苏定方先击破处木昆部，俘获万余帐，接着到曳咥河西（今伊犁河），大败沙钵罗率领的 10 万大军，俘获几万人。于是五弩失毕部闻讯投降阿史那步真。苏定方率大军日夜兼程踏雪追击沙钵罗，又斩杀、俘虏几万人，沙钵罗逃奔石国，被俘获。十二月，唐政府在西突厥故地设置濛池、昆陵两都护府，任命阿史那步真为濛池都护、继往绝可汗，统领五弩失毕各部。至此，西突厥被唐平定。

## 武则天杀长孙无忌等

显庆四年（659）四月，武则天以谋反罪，诛杀长孙无忌等重臣，牵连甚众。

长孙无忌是唐初法学家、政治家，为唐高宗亲母舅，为唐明建立及治国立下汗马功劳，曾著有《唐律疏议》、《五代史》，上呈新修五礼等。因在高宗废王皇后立武则天为皇后之事上，坚决谏阻，武则天一直痛恨长孙无忌，并对于志宁在这一问题上的中立态度颇为不满，便令心腹许敬宗等寻机诬诌。显庆四年（659）四月，洛阳人李奉节报告太子洗马韦季方、监察御史李巢结为朋党。许敬宗趁机无端诬告长孙无忌等谋反，高宗下诏削去长孙无忌的太尉及封邑，安置于黔州（今四川彭水）。许敬宗又奏褚遂良、柳奭、韩瑗、于志宁等一批谏阻立武则天为后的大臣与长孙无忌同谋，高宗下诏削褚遂良的官爵，柳奭、韩瑗被除名，于志宁免官。七月，高宗又命李勣、许敬宗等审查长孙无忌谋反之事，许敬宗派人到黔州逼迫长孙无忌自缢。

高宗又下诏将柳奭、韩瑗斩首，籍没家族，近亲都被流放岭南为奴婢，朝内数 10 人受牵连而被贬黜、处死。朝政归于武则天。

# 伊斯兰教传入

唐代，中国同大食国（指阿拉伯人建立的伊斯兰帝国）间来往很频繁，为伊斯兰教的传入提供了路径。当时两国来往的陆路，可经波斯、阿富汗、西域，从西北地区进入长安，即沿古代"丝绸之路"而来；海路可经波斯湾、阿拉伯海、孟加拉湾、马六甲海峡到达我国南部沿海的广州、泉州等地，即沿古代"香料之路"而来。据载，仅在永徽二年至贞元十四年间（651～798），大食男遣使臣来华朝贡就约达 37 次。

陕西西安化觉巷清真寺大殿

唐高宗永徽二年（651），大食国派使节来长安朝贡，被史学家作为伊斯兰教正式传入中国的标志。其实，阿拉伯人来中国沿海与边远地区进行商业贸易，并建清真寺作礼拜，也许更早一些。

唐贞元三年（787），李泌检括长安胡

伊斯兰圣墓。唐高祖武德年间(618~626)，伊斯兰教先知穆罕默德的门徒三贤（沙谒储）和四贤（我高仕）二人曾来泉州传教，死后安葬在泉州城东门外灵山。至今灵山圣墓仍被人们视为伊斯兰教在东方的一大圣迹。

**093**

省心楼。化觉巷清真寺中轴线上的建筑，为三层八角攒顶式楼阁，是礼拜前召唤教徒之处。

客有田宅的达4000人，其中以阿拉伯和波斯人最多。伊斯兰教是阿拉伯的国教，这些来华的阿拉伯使节、商人、旅行家、航海家便是使伊斯兰教传入中国内地和沿海的媒介。其中许多在中国定居并娶妻生子，出现"五世蕃客"、"土生蕃客"，成为中国最早的伊斯兰教徒——穆斯林。他们往往在沿海城市相聚而居，居地称为"蕃坊"，他们的宗教风俗受到政府和当地人的尊重。虽然没有史料证明他们曾另立有礼拜寺，但既有共同信仰，又在一起聚居，必有相应的宗教生活。他们长期处在中国人之中，与中国传统不免会相互影响，相互渗透。清代以来，伊斯兰教中国化就是一个伊斯兰教与中国固有文化相融合的结果。

天宝十年（751），唐朝与大食为争夺中亚昭武诸国发生争战，唐国失败，不少兵士被俘到大食国。杜环就是其中之一。他在大食等地居住10余年，回国后作《纪行记》一书，对阿拉伯的伊斯兰教有切身的观察和记载，使中国人进一步熟悉了伊斯兰教。

天宝十四年（755），唐政府为平定安史之乱，向回纥、大食借兵。唐与大食两国士兵间的交往更加推动了伊斯兰教的传布。伊斯兰教在中国唐代的传播，不像佛教和景教，直接由僧侣和教士携经而来并得到统治者的认可和竭力扶持，正式建寺收徒传经，它有自己的特点。伊斯兰教在初传中主要借助于使节、商贾、游客等，中国与大食经济上的交往，是伊斯兰教传入中国的最重要的渠道和载体。两国的少数军人也为此做出了一定贡献。

唐时，伊斯兰教在中国的信徒绝大部分是侨居中国的阿拉伯人及其后裔，尚未在中国本土产生多少影响，因此绝少有纯中国血统的信徒。由于没有受到贵族和社会的高度重视，使伊斯兰教的传播范围很狭窄，但这也正好易于保存自己。穆斯林们在激烈的社会斗争中能把伊斯兰教信仰作为自己内部的生活方式和风俗代代相承。他们没有向外传教扩张的野心，避免同中国儒佛道三教以及社会的其他政治势力发生碰撞纠葛，特别是避免了唐武宗会昌五年（845）灭佛教时，对外来宗教的一并打击，使伊斯兰教以"大食殊俗"得以保存，并流传至今，逐步在吸收中国传统文化的过程中，形成了中国伊斯兰教的特色，完成了伊斯兰教的中国化进程。

## 褚遂良集唐初书法大成

褚遂良（596～658）是唐代著名书法家，他是继二王、欧、虞之后又一位传世大家。他的书法别开生面，变化多姿，集隋唐之际书风之大成，与欧阳询、虞世南、薛稷合称初唐书法四家。

唐代书法艺术继隋之后，真草步入规范化发展的轨道。由于统治者的提倡和爱好，政府置书学、设书学博士，吏部选官"必限书判"。在这样的情况下，有唐一代工书者甚众，书法名家辈出，褚遂良是其中著名的一位。

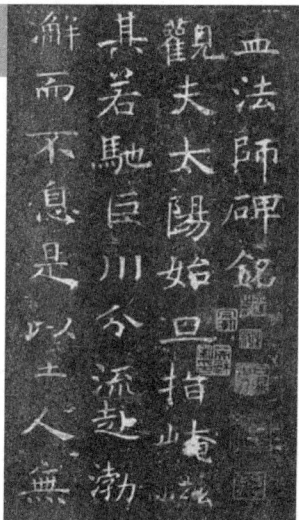

褚遂良字登善，钱塘人。父亲褚亮在唐太宗时任文学馆学士，与当时著名书法家欧阳询、虞世南是朋友。褚遂良曾任起居郎、太子宾客、黄门侍郎，最后拜中书令。后因反对高宗立武则天为后，被贬至死。

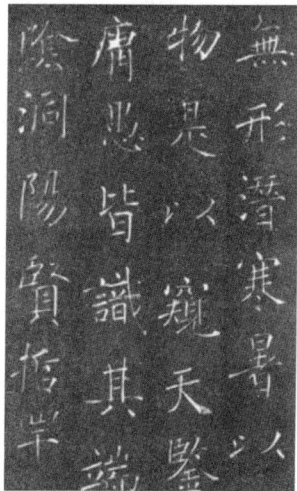

褚遂良的书法在欧、虞之后独树一帜。他学习前辈各家各派书风，融会贯通，自成一家。被时人评为"字里金生，行间玉润，法则温雅，美丽多方"。他对王羲之书法有极深的研究。贞观十二年（638），虞世南去世，唐太宗无人论书，魏征推荐他为太宗搜集整理二王书法，著成《右军书目》。他的书法前期古朴方整、结体宽博，带有浓厚的六朝遗风，且受隶书影响，以《伊阙佛龛碑》和《孟法师碑》为代表。后期则发生较大变化，创造了绰约婀娜、遒逸婉媚的风格，代

褚遂良《孟法师碑》

褚遂良《雁塔圣教序》

表作是《雁塔圣教序碑》。《孟法师碑》立于贞观十六年（642），碑已不存，唐拓孤本存于日本，李宗翰认为此碑"遒丽处似虞，端劲处似欧，而运以公隶遗法，风规振六代之余，高古近二王以上"，评价极高，指出他的书风融合各家优势，独创一格。《书概》也评他的《伊阙佛龛碑》"兼有欧虞之胜"，米芾《续书评》认为他的《雁塔圣教序》"别有一种骄色"，这些评价高度赞扬褚遂良的书法成就，特别指出他集隋唐书家之大成，自成面貌。

褚遂良书风融汇钟繇、王羲之、欧阳询、虞世南各家之长，一时风靡天下，陶铸有唐一代，其影响深远，经久不衰，成为一代书法大师。

褚遂良《伊阙佛龛碑》。碑为褚遂良46岁时力作，字划奇伟，结体雄浑与秀逸兼备，宽博方整，变化自然。

## 舞谱发明

唐代舞蹈艺术高度发展，十分繁盛，为使作品广泛传播并得以保存，记录舞蹈的各种手段，"舞图""按舞图"及文字"舞谱"便应运而生。

据1900年敦煌莫高窟藏经洞发现的舞谱残卷等资料，计有以下几种舞谱：（1）《遐方远》；（2）《南歌子》；（3）《南乡子》；（4）《双燕子》；（5）《浣溪沙》；（6）《凤归云》。另有佚名舞谱一部及近期发现的《荷叶杯》舞谱，总共8部。

敦煌舞谱残卷是用舞蹈动作术语，如令、舞、送、据、捼、摇……等组成的字谱。各谱前均有曲名和一段简短的文字说明，即"词序"，用以标明舞曲结构的节奏变化等。但除《浣溪沙》有一句古曲谱外，其他曲谱均未保存下来，也无图象表明舞姿动作及队形场面等。敦煌舞谱残卷的发现，对研究唐代舞蹈以及中国舞蹈发展具有十分重要的意义。近年来，舞蹈史学和敦煌学的学者们投入了更多的人力和精力进行研究，并取得了可喜的进展。除发现若干重要材料外，又对原舞谱残卷作了更为系统化与科学化的整理与分析，开始突破从文献到文献，纸上谈舞的阶段。字谱中之"字"所表示的舞蹈动作和姿态有了解释：

（1）令。发号施令开始起舞之意。敦煌舞谱残卷各谱，几乎全以"令"字起头，表明这是一种唐代打令舞的谱。酒宴俗舞，应有较固定的程式。令即是这种舞蹈开始时的动作。擅舞的人，会把这一动作做得很有光彩，称"令姿"。（2）头。指头部的舞蹈动作。绝大多数舞谱，头字放在最后一段字组中，即只有在每一打令舞的末了才有头部动作，可能是提示人们先做一个动头的舞姿，然后再俯首饮酒。也可理解为"注意要返头"（反复），即此轮饮毕，需再从头起舞之意。（3）授。"授酒"动作的简称，含有推却或挪动含意。即双手推搓（或叉腰动肩）左右挪步的舞蹈动作。也有人认为是拇指和其他四指相搓出响，类似《龟兹舞》中弹指的舞蹈动作。（4）搜。即曳地而行。可能是双足交替拽曳而行的一种轻盈舞步，类似现今戏曲中的"跑圆场"、"云步"。（5）摇。即用优美而耐人寻味的舞蹈动作来表示推却的简称。可能有手或头的摇动，同时配合以身躯和腿部的协调摇晃摆动等。（6）舞。一般指手及臂膀的舞蹈动作，即所谓"手舞足蹈"中"舞"的含意。舞谱中舞字出现次数相当多且常与其他字组合，如"令舞"、"舞舞"、"送舞"、"舞授"、"舞摇"、"据舞"等，表示了不同的手及臂的舞动。可见，唐人的打令舞无论坐、站或带有步伐的地位调动，手和臂的动作都是十分丰富且富于表情的。
（7）送。是酒宴中送酒并劝饮的舞蹈动作。古诗、壁画、民俗与民间舞蹈遗传都说明，筵宴中敬酒或向宾客献茶，自古都有起舞的习俗。舞谱中的送，很可能表示了一套送酒劝饮的舞蹈程式，且"送在摇前"。（8）据。敦煌舞谱中的据，可能是拮据之意，代表了手、口、足的协调动作。因据与倨通，故据也有直项昂首、高贵端庄的造型舞姿之含意。（9）捐。前辈学者认为是"掮"的别字。故舞谱中"捐"是指掮让射酒的动作。"捐"又可能是"揎"字的别字，即有抛掷酒杯以添趣助兴之意。（10）与。可能是表示两行舞队的舞人一对一对地相互牵手，对舞对穿的地位调度，或两相对称的舞蹈动作。（11）请。可能来源于礼节性的舞蹈动作。（12）约。可作绳、缠来解，有约请之意。可能是一种缠束感的舞蹈动作，就象一些民间舞中双臂在腰间一前一后甩动。

抱腰的动作。也可能是招邀约请对方共舞的动作。（13）奇。可作单数解，可能是一种脚部的舞蹈动作。

## 突厥文字在北方广泛使用

突厥文是古代突厥、回纥、黠戛斯等操突厥语诸民族使用的文字。由于它与古代北欧日耳曼民族使用的卢尼（Runic）文外形相似，所以有人称之为“突厥卢尼文”。这种文字的重要碑铭发现于鄂尔浑河和叶尼塞河流域，故也被称为“鄂尔浑——叶尼塞文”。

关于突厥文的起源，一般认为，其40个字母中有23个来自阿拉美文（后期塞姆文），它们是通过中亚伊兰系民族传入突厥，并逐渐适应突厥语的语音特点的。除这23个字母之外，还有一些是来自突厥族使用的纹章（即氏族或部落的标志）和象形符号。至于突厥人最初在何时、何地接触阿拉美文，并以其字母作为突厥文基础的问题，至今尚无定论。但有一点是肯定的，即突厥人是通过粟特人接触阿拉美字母的。

突厥文的文献不像回鹘文、察合台文的那样多，主要是一些碑铭和写本。属于突厥汗国时期的碑铭有《厥特勒碑》、《毗伽可汗碑》、《翁金碑》、《暾欲谷碑》、《厥利啜碑》、《乔林碑》，属于回纥汗国时期的碑铭有《回纥英武远毗伽可汗碑》、《铁尔泻碑》、《九姓回鹘可汗碑》、《塞夫列依碑》、《苏吉碑》等。此外还有在叶尼塞河和中亚七河流域发现的属于黠戛斯、西突厥的碑铭百余个。

突厥文《翁金碑》

突厥文的写本是在本世纪初随新疆、甘肃敦煌大批古代文物的出土先后发现的。其中重要的有敦煌千佛洞的《占卜书》和新疆若羌县米兰的军事文件，还有吐鲁番地区吐峪沟发现的写本残卷。

突厥文《翁金碑》。突厥文字母半数以上有见于不同文献的变体，有的字母甚至有五、六种变体。《翁金碑》是突厥汗国骨咄禄可汗的记功碑，建于公元七世纪末八世纪初。

突厥文重要文献的内容主要是可汗及文臣武将的记功碑、墓志铭、宗教性文献和官方记录等。它们对研究突厥、回纥、黠戛斯、突骑施、葛逻禄等我国古代兄弟民族的社会历史及语言文化是十分有价值的资料。特别是属于第二突厥汗国时期的《毗伽可汗碑》、《厥特勒碑》、《暾欲谷碑》，记录了突厥汗国的兴亡史、一些重要人物的生平事迹、重大战役和汗国统治者与唐朝及汗国境内各民族的相互关系，有助于人们更全面地研究突厥汗国的历史。突厥文碑铭和写本在西伯利亚、蒙古、叶尼塞河流域、甘肃、新疆和中亚彼此相连的广大地区都有发现，这些地方均在我国唐朝的疆域之内，其使用时间大约在公元 7 ~ 10 世纪之间。因此，可以得出这样的结论：在公元7~10 世纪前后，突厥文在我国北方各兄弟民族中被广泛使用。

# 焉耆龟兹文使用盛极

焉耆——龟兹文是我国新疆古代印欧系居民使用的语言，因发现于新疆焉耆、库车（古称龟兹）等地区而得名。旧称吐火罗文，焉耆文即相当于所谓"吐火罗A"，龟兹文即相当于所谓"吐火罗B"。印欧语言学界依据表示"百"的词将印欧语系诸语言区分为 centum 和 satem 两大类：西部印欧语属 centum 类，东部印欧语属 satem 类。焉耆语和龟兹语显然是东部印欧语，其"百"字却与西部印欧语相同。因此，使用焉耆——龟兹文的印欧人究竟是从何时何地进入我国新疆定居，并且创造了灿烂的佛教文化和艺术，至今仍是解之谜。迄今所发现的焉耆——龟兹文文献多为佛经、本生故事、譬喻、戒律、密咒等，

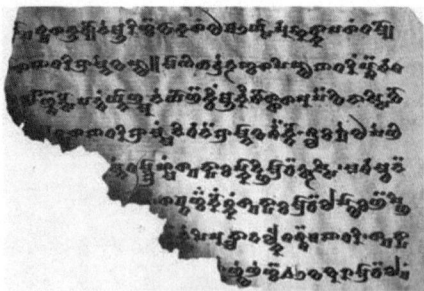

《弥勒会见记》残片。20世纪初在中国新疆发现了这种语言的残卷，最初定名为吐火罗语，文字定名为吐火罗文。近年的研究证明焉耆、龟兹的语言与吐火罗语不同，于是将吐鲁番、焉耆一带出土残卷所代表的方言定名为焉耆语，将库车一带出土残卷所代表的方言定名为龟兹语，文字亦正名为"焉耆——龟兹文"。这种文字使用的字母是印度婆罗米斜体字母，时间可能在公元5~8世纪。

此经还有寺院账目、书信、诗文、剧本、字书和医方等，并有书写于木简之上的过所。其主要的为法句经（与梵文对照）、杂阿含经、辨业经、托胎经、十二因缘经、佛所行赞、十庸律比丘戒本、入阿昆达磨论、福力太子本生、须太拿太子本生、国王本生、阿离念弥长者本生、六牙象本生、俱胝童子譬喻、难陀生平剧本、弥勒会见记剧本、本匠故事、渔夫故事、箴言诗麻、梵语——龟兹语词书、龟兹语——回鹘词词书、语音表等。已经公诸于世的文献主要有《吐火罗语遗存》（A种吐火罗即焉耆文残卷）、《吐火罗语遗存——B方言》（龟兹文残卷）、《吐火罗语遗存B》（龟兹文残卷）、《龟兹文残篇》、《龟兹文医方咒语残卷》、《A种比火罗语文汇》等。焉耆——龟兹文的时代约属于5～9世纪。1906年库车西北一山峡古堡发现的数件使用焉耆——龟兹文书写的木简，是龟兹王苏伐叠（与唐太宗李世民同时代）颁发的过所，这些应当是7世纪中叶遗物。

在整理、研究焉耆——兹文文献方面，成绩昭著者首推德国学者泽格·泽格林。我国学者季羡林早年即就学德国从事焉耆——兹文研究，晚年尤致力于研究焉耆文《弥勒会见记》。

## 唐政府颁行《新修本草》

显庆四年（659），颁行《新修本草》，凡53卷，含本草、药图、图经三部分，共收药物844种。显庆二年（657），在勋官苏敬的建议下，唐政府命令由英国公主持，苏敬等儒臣和医官20多人集体编修本草；至显庆四年（659）编成《新修本草》一书，也称《唐本草》。《新修本草》全书包括新修本草正文、药图、图经3部分，总计54卷，共载药物850种。第1部分新修本草正文20

卷、目录 1 卷，是在梁代陶弘景《本草经集注》的基础上补充新知识，增加 114 种新药及注文编辑而成。《新修本草》内容较《本草经集注》丰富，分类也更详细，将药物分为玉石、草、木、兽禽、虫鱼、果、菜、米谷、有名未用等 9 类，着重论述药物的名称、性味、功用和附方等。第 2 部分是药图 25 卷、目录 1 卷，是对全国药物进行普查后绘制成的各种地道药材的彩色图谱。第 3 部分图经 7 卷，则是对药图的文字说明，记载药物产地、形态特征及采集、炮炙方法等。遗憾的是第二、第三部分成书后不久即失传。现在传存的《新修本草》，是指其正文部分。

在编撰过程中，唐政府凭借大一统天下的强盛国势，动用了全国的财力和物力，第一次较全面地实地调查了国内的药物，对各地的特产药物进行征集，并绘制成图送往京城备用。同时，编撰者采取了实事求是、严谨治学的态度，以《本草经集注》为依据，力求保持原书的书写风格。他们用单行红色大字书写《神农本草经》原文，而收录《名医别录》的内容时，则用单行黑色大字写出；对于陶弘景注和新加的注文，均写成双行小字，并分别标以"陶隐居云"及"谨案"的字样；属于修定时新增加的药物，则加有"新附"二字，以示区别。这种书写体例，较完整地保留了古代文献原有的风貌。另外，他们根据有关资料及实际考查结果，对前人书中的一些不妥之处进行了修正和补充。如《本草经集注》认为"铁落"是染皂铁浆，唐人以"牡荆"为"蔓荆"等，《新修本草》均进行了更正。在辨认药物形态方面，《新修本草》纠正了陶弘景对玄参、白薇、牵牛草、马鞭草等多种药物形态的错误描述，并补充了许多关于药物产地、性味、采集及炮炙等方面的新知识。此外，书中还增收了郁金、薄荷、蒲公英、刘寄奴等新药和安息香、阿魏、胡椒等 20 多种外来药，丰富了我国药学的内容。

《新修本草》是我国也是世界上第一部由国家正式颁布的药典性专著，它系统地总结了唐代以前本草学的成就，内容丰富，图文并茂，成为约束医生、药商的标准药物学著作，具有很高的权威性和实用性，亦为此后五代、后蜀及宋代的官修本草提供了补订的蓝本。该书问世后，在国内外都产生了较大的影响，被唐政府列为医学生的必修之书，稍后传入日本、朝鲜等国，也被作为医学校的法定教材。

## 字母形成

在唐代，人们对汉语声母系统的研究取得了重大成就。他们归纳出了汉语的声母系统，创造出了30字母，由此，字母学也得以正式诞生。

字母是指代表汉语音韵学中声母系统的字，而字母学则是指专门研究声母系统的学问。汉魏时代就产生了反切注音法，它标志着人们已经能够把汉语音节分析成声和韵母两部分了。这之后，许多学者为了解释反切方法、帮助人们掌握用反切方法拼读字音，就不断地尝试着类聚归并反切上字，选取反切上字代表字。《切字要法》就是在此情境下产生的，虽不知其产生的确切年代，但可以断定它是字母产生之前由类聚反切上字立生的声类代表字。该书把众多的反切上字归并为30个声类，每一类用两个双声字作为特定标目。

到了唐代，唐人在前人归纳反切上字的基础上，在梵文拼音原理的启发下，参照了梵文和藏文的辅音系统，最终创造出了30字母，形成了汉语的声母系统。发现于敦煌的《归三十字母例》即是唐人成就的明证，它创造的30个字母是："端透定泥，审穿禅日，心邪照。精清从喻，见溪群疑，晓匣影，知彻澄来，不芳并明。"

到了唐末，和尚守温又将这30个字母按发音部位的不同，重新予以排列。具体说他把声母分成了唇、舌（又分舌头、舌上）、牙、齿（分为齿头、正齿）、喉等五音，且把喉音按发音方法的不同，分为清音和浊音两类。这表明守温的30个字母已经不仅仅是简单地类聚了反切上字，而且深入到字母的音理中去了，它标志着汉语音韵学已经朝着科学的语音分析的方向迈出了可喜的第一步。

# 凤首龙柄壶融合中外工艺

凤首龙柄壶是我国唐代的陶瓷器。壶形融合了我国南北朝时期莲花樽的风格和波斯金银器中鸟首壶的特点。

凤首龙柄壶以凤首作盖，龙身为柄，其壶形从南北朝时期的莲花樽脱胎而来，古雅大方，具有东方陶瓷艺术的华美；同时它在细部又巧妙地吸收了波斯金银器中鸟首壶的特点，极精巧细腻。器盖呈凤首形状，与壶流相吻合，构成写实的主体壶嘴；壶柄由一条紧衔壶口、并一直连接到壶底的长龙弯曲而成。壶的装饰以腹部为主，堆帖了6组置于团窠纹中的力士，环绕力士又有一圈联珠纹。这些都移植演化自波斯萨珊王朝的装饰纹样。

凤首龙柄壶结构的风格特色体现了我国唐代劳动人民的聪明智慧和工艺水平的灵巧精细，也反映了唐代社会和域外广泛的文化、艺术交流，由此可见唐人开阔的胸怀和善于吸纳他人长处的精神。

唐花釉罐

唐白釉碗。白瓷出现于北朝晚期，到了唐代发展成熟。

唐凤首龙杯壶

103

661~670A.D.

# 唐朝

661A.D.唐显庆六年 龙朔元年

六月，以吐火罗、罽宾、波斯等十六国置都督府八，隶安西都护府。

662A.D.唐龙朔二年

庞孝泰与高句丽兵战于蛇水上，兵败死之；苏定方围平壤不下，解围而还。三月，薛仁贵败铁勒于天山。

663A.D.唐龙朔三年

九月，刘仁轨等大破倭援百济之兵于白江口，焚其舟四百。百济王扶余丰奔高句丽，王子忠胜等降，百济尽平。

664A.D.唐麟德元年

十二月，杀宰相上官仪，赐废太子梁王忠死。自是政无大小皆归武后，天下称"二圣"。是岁，玄奘死。

666A.D.唐乾封元年

正月，行封禅礼于泰山、社首，东自高句丽、新罗、倭，西至波斯、乌苌诸国皆来助祭。三月，至亳州，尊老子为太上玄元皇帝。十二月，遣李勣为大总管攻高句丽。

667A.D.唐乾封二年

九月，李勣拔高句丽新城，又连下十六城。高句丽袭别军，薛仁贵大破之于金山，拔三城。

668A.D.唐乾封三年 总章元年

九月，李勣拔平壤，高句丽王臧降。十二月，分高句丽五部、69万余户为九都督府、42州，置安东都护府于平壤。

670A.D.唐总章三年 咸亨元年

遣薛仁贵等击吐蕃，且援送吐谷浑还故地。八月，薛仁贵等击吐蕃，大败于大非川，与吐蕃约和而还。


661A.D.

波斯萨珊朝末王耶斯提泽德三世之子卑路斯来唐求救，助其恢复波斯，不许。

正月二十四日，哈里发阿里遇害，其子哈山嗣位。摩阿威雅即哈里发位于耶露撒冷（一说在660年），遣兵攻哈山，哈山退位。迁都于大马士革，是为倭玛亚朝(661~750)，阿里余党称什叶派。

664A.D.

阿拉伯人东侵阿富汗，占领喀布尔，自此入印度，征服信地及印度河下游流域。

## 以十六国地置府州

龙朔元年（661）六月，唐朝政府以吐火罗（今阿富汗），哒哒（古西域国名）、罽宾（今克什米尔）、波斯（今伊朗）、诃达罗支、解苏、骨咄施、帆延、石汗那、护时犍、怛没、乌拉喝、多勒建、俱蜜、护蜜多、久越得犍等16国的地域设置8个都督府，76个州，110个县，126个军府，皆隶属于安西都护。龙朔元年时，波斯王卑路斯派使者到唐朝求

唐西域边城。这处淹没在废弃的塔克拉玛干腹地沙漠中的唐代边城，曾经激发过边塞诗人的豪迈诗句："黄沙百战穿金甲，不破楼兰终不还。"

援，说明波斯国经常被大食国侵扰，请求唐朝发兵救援，这时，唐高宗正好派王名远到西域，便在波斯设置都护府，任命波斯王卑路斯为都护府都督。

## 薛仁贵三箭定天山

龙朔二年（662）三月，薛仁贵等于天山击溃铁勒。

唐高宗年间，回纥与铁勒（即敕勒）的同罗、仆骨等部领兵侵扰唐朝边境，龙朔元年（661）年底，唐政府派郑仁泰、薛仁贵等领军前往讨伐。龙朔二年（662）二月，铁勒九姓合众十余万人抗拒唐朝军队，派几十名士兵往唐军阵前挑战，

薛仁贵像

薛仁贵三箭射死三人，其余的人都下马投降，薛仁贵带兵追击其余的铁勒部众，追到碛北（沙漠北），俘虏了叶护兄弟三人。军中有一首歌赞扬薛仁贵："将军三箭定天山，壮士长歌入汉关。"铁勒的思结、多滥等部向唐军投降，郑仁泰带兵大肆掠夺，为夺取敌军辎重，至仙萼河，粮草耗尽，又遇上大雪，

士兵死者十之八九。高宗下诏以契苾何力为铁勒道安抚使，说降铁勒部，九胜遂定。

## 大改官员名

龙朔二年（662）二月，大改官名：改门下省为东台、中书省为西台、尚书省为中台；侍中为左相，中书令为右相，仆射为匡政，左、右丞为肃机，尚书为太常伯，侍郎为少常伯。改吏部为司列，司勋、司封依旧，考功为司绩，户部为司元，度支为司度，金部为司珍，仓部为司庾，礼部为司礼，祠部为司禋，主客为司蕃，膳

唐白陶舞马

部为司膳，兵部为司戎，职方为司城，驾部为司舆，库部为司库，刑部为司刑，都官为司仆，比部为司计，司门为司关，工部为司平，屯田为司田，虞部为司虞，水部为司川，总共二十四司。改御史台为宪台，改太常寺为奉常寺，光禄寺为司宰寺，卫尉寺为司卫寺，宗正寺为司宗寺，太仆寺为司驭寺，大理寺为详刑寺，鸿胪寺为同文寺，司农寺为司稼寺，太府寺为外府寺。改秘书省为兰台监，殿中省为中御府监，国子监为司成馆，少府监为内府监。将作监为缮工监，都水监为司津监。左右卫府、骁卫府、武卫府均省略"府"字，左、右威卫改为左、右武威卫，左、右领军卫改为左、右戎卫，等等。

## 苏定方平定百济

龙朔三年（663）九月，刘仁轨大破倭兵于白江口，百济平。

显庆五年（660）三月，新罗因百济联合高丽多次侵扰而向唐政府求援，唐派大将苏定方率水陆大军十万出击百济。八月，苏定方率军渡海，在熊津江口击败百济军队，歼百济军几千人。后，水陆大军乘胜前击，直逼百济都

苏定方像

城，百济都城全城出动迎战，唐军大败百济，歼其军万余人，百济国王扶余义慈及太子扶余隆投降。唐在百济三地置熊津等5都督府，以百济的酋长为都督、刺史。龙朔元年（661），百济僧人道琛和旧将福信将故王子扶余平从倭国迎回并立为百济王，进围唐守兵，唐政府派刘仁轨与新罗兵出击扶余平等部。唐军从平壤撤离后，刘仁轨坚守熊津城，龙朔二年（662）七月，刘仁轨乘福信防备不严，突然袭击，大败百济军，攻占真岘等城。百济王扶余丰派使赴高丽、倭国请求救援。后扶余丰领倭兵抗击唐军。龙朔三年（663）八月，刘仁轨率军在白江口大败倭兵，焚毁倭兵船只400余艘，并攻下百济王城周留城，百济王扶余丰逃奔高丽，王子忠等人投降，百济尽平。高宗则诏令刘仁轨领兵镇守百济，刘仁轨派人到百济各地宣布政令，劝课农桑，训练士卒，以图攻高丽，并派使宣谕倭国。唐平定百济，此后倭国几百年不敢入朝鲜半岛。

## 武则天垂帘听政

麟德元年（664）十二月，宰相上官仪进言废武后，武后兴大狱，并垂帘听政。

武则天自从被唐高宗李治迎入宫后，多方设计，屈身忍辱，并令高宗疏远王皇后和萧淑妃，永徽六年，被册立为武昭仪，后又经过一番激烈的与长孙无忌等重臣的斗争，于永徽六年（655）十月，被高宗册立为皇后。武则天自被册立为皇后以后，渐渐得志，显庆五年（660）十月，高宗苦于目眩头重，眼睛不能看东西，百官上奏之事，有时便请武后决断，后又正式将政事委任于则天皇后，武后权势日重，渐渐作威作福，高宗经常受制于她，日感愤怒，渐生废武后之意，令上官仪起草废立诏书。武后听到消息后，奔至高宗处自诉，正好废立的诏草还在，高宗又羞缩不忍，只好说："我初无此心，皆上官仪教我。"武后就命心腹许敬宗诬奏上官仪与已废太子忠谋反。麟德元年（664）十二月十三日，上官仪被捕下狱处死，籍没全家，遭株连流贬的人很多。自此之后，高宗每视事，武则天均垂帘于后，政事无论大小，皆让武后知晓，天下大事决断权，尽归武后则天，天子只是拱手称同，中外称之为"二圣"并立。

## 西突厥附吐蕃

龙朔二年（662）十二月，苏海政轻信谗言，枉杀西突厥可汗阿史那弥射，致西突厥叛唐而附吐蕃。

永徽六年(655)唐派程知节、王文度、苏定方大败西突厥沙钵罗可汗。显庆二年（657）十二月，苏定方领兵大破西突厥，又置濛池、昆陵两都护府，以阿史那弥射为昆陵都护、兴昔亡可汗，统率五咄陆部，任阿史那步真为濛池都护、继往绝可汗，统领五弩失毕部。阿史那步真、阿史那弥射两人素有仇怨，龙朔二年（662）十二月，俩人随同海道总管苏海政奉命出击龟兹，唐军到达阿史那弥射境内，苏海政听信阿史那步真的谗言，诱杀了阿史那弥射，各部部众都有怨恨，各有离心，鼠尼施（五咄陆之一），拔塞干（弩失毕五部之一）逃走，苏海政与阿史那步真追击，讨平二部，到达疏勒南部时，弓月部引来吐蕃军队要与唐军开战，苏海政用军用物资贿赂吐蕃，双方议和。各部落都认为阿史那弥射是冤枉而死，均产生离叛之心。阿史那步真病死后，十姓无主，阿史那都支和李遮匐带领部众归附吐蕃。

吐蕃赞普礼佛图。吐蕃人原信仰苯教，后引入佛教，并发展了辉煌的佛教文化、艺术。此为敦煌莫高窟159窟的吐蕃赞普礼佛图壁画。

## 唐军平定高丽

总章元年（668）九月，唐乘高丽内乱，出兵讨伐，费时2年多，于本月终将其平定。

乾封元年（666），高丽泉盖苏文死，长子男生代为莫离支，男生与弟男建、男产争权，男生派人向唐政府请求援兵。高宗乘高丽内乱之机，六月，任命献诚为右武卫将军，作向导，命右骁卫大将军契苾何力为辽东道安抚大使，率兵前往救援，同时又命将军庞同善、薛仁贵等共同征讨高丽。九月，庞同善大破男建的高丽军，解男生之围。高宗诏授男生为特进、辽东大都督兼平壤道安抚大使，封玄菟郡公。乾封二年正月，李世勣领军攻克高丽新城，李世勣乘胜领兵追击，一连攻克高丽16座城池。

总章元年（668），李世勣领兵攻克高丽扶余城，扶余川等40余城陆续投降。军队乘胜攻克大行城，唐军其余部队与李世勣会合，发兵至鸭绿栅，高丽军迎战，唐军又大败高丽军，攻克辱夷城，进而围攻平壤城，对峙一个多月，九月唐军攻克平壤城，男建与高藏同时被俘。这次出兵二年多，唐军共收高丽民5部，176座城池，69万户，凯旋班师回朝。十二月，高宗下诏，降任高藏为司平太常伯，员外同正。男产授司宰少卿。男建被流放黔州，男生授右卫大将军，唐军各级将领均有赏升。设安东都护府统辖高丽之地。

咸亨元年（670），高丽民不满唐朝统治各地爆发大规模反抗斗争，新罗亦参与。四月，高丽酋长剑牟岑率众反唐，立高丽王高藏外孙安舜为王。唐派左监门大将军高侃为东州道行军总管，右领军大将军李谨行为燕山道行军总管讨伐叛军，又派司平太常伯杨昉绥招纳高丽亡余。安舜杀剑牟岑，逃奔新罗。咸亨二年七月，高侃在安市城击败高丽余众。咸亨三年十二月，唐军在白水山又大胜高丽军。咸亨四年闰五月，李谨行在瓠芦河之西击败高丽兵，俘获数千人，高丽残军逃往新罗。李谨行妻刘氏率众坚守伐奴城，高丽久攻不下，退兵，这年的战事，又以唐军大胜而告结束。自此唐朝二次平定高丽。

## 唐高宗大封天上地下

麟德元年（664）七月，高宗因高祖、太宗两朝均未封禅，诏"三年（666）有事于泰山"。麟德二年，偕武后自东都出发赴泰山，从驾文武士兵及仪仗法物，前后达百里，诸国酋长及随从充塞了道路。麟德三年正月一日，封于泰山，3日，禅于社首。这是唐朝皇帝第一次封禅。以高宗为初献爵，武后为亚献爵，越国太妃燕氏（太宗妃）为终献爵，合称三献，完成封禅。祭地神。5日，御朝觐坛，受朝贺，大赦天下，改元乾封。高宗封禅之后，广施特恩，

玉册（即玉策）。此为唐玄宗李隆基开元十三年（725），上泰山封禅时宣读的祝祷文辞。

10日，敕文武官三品以上赐爵一等，四品以下加一阶。乾封以前未有泛阶，官员进阶，均以劳考叙进。官员一年一考，六品以下诸官，四考满，皆得中中考者，方可进一阶；其中有一中上考，又可进一阶；其中有一上下考，可进二阶；若兼有下考，可用上考相抵。应入三品、五品者，则须待皇帝另下别制以进，无别制则不得进。乾封以后，泛阶之制始立，屡有恩赐，尤其到了唐文明（684）至证圣（695）年间，每年均有恩赐，以致官员不求考第取进阶，五品官满朝皆是。

高宗自泰山封禅还后14日，到曲阜，谒孔子庙，追赠孔子为太师增修祠宇，以少牢致祭，并免孔子裔孙褒圣侯孔德伦子孙赋役。16日，到亳州谒老君庙，更上老子尊号为太上玄元皇帝，又令建祠堂，各庙设置令、丞一员，改老子庙所在地亳州谷阳县为真源县（今河南鹿邑），并免县内李姓租庸调一年。

## 唐军大败于非川

咸亨元年（670）八月，唐军讨伐吐蕃不利，惨败于大非川，被迫向吐蕃求和。

咸亨元年（670）四月，吐蕃军队攻陷西域白州等地区，唐朝被迫撤销龟兹、于阗、焉耆、疏勒等安西四镇，并决定以军事还击，九日，唐朝廷以右威卫大将军薛仁贵为逻娑道行军大总管，左卫员外大将军阿史那道真、左卫将军郭待封为副，率领10余万人马进击吐蕃，帮助

甘肃安西白虎关遗址，传薛仁贵西征曾驻军于此。

送吐谷浑还故地。八月，大军至大非川，准备攻乌海（在青海），薛仁贵主张乌海险远，行军不便，留辎重及郭待封等二万余人驻守大非岭，自己率领精锐昼夜兼行，出其不意攻击吐蕃，大破吐蕃兵，进屯乌海。而郭待封不听从薛仁贵之策，携辎重缓慢进军，遇上吐蕃军20余万，双方交战而唐军失利，

辎重全都丢失,薛仁贵没有后援,退屯大非川,吐蕃兵四十余万猛攻,唐兵大败,死伤略尽,唐军被迫与吐蕃求和而回。

## 珐琅器工艺发源

至今为止,已知的我国最早的一件珐琅工艺品是藏于日本正仓院的唐代银胎金掐丝珐琅器。由此推算出我国掐丝珐琅工艺起源于唐代。但唐以后的三四百年间的珐琅器又未曾见到。一直到明初,曹昭在《格古要论》一书中首次著录了珐琅器的渊源、特点、用途等问题,成为今天研究我国古代珐琅器唯一的文献资料。所以,关于我国珐琅器工艺起源问题,还需要由唐、五代、宋时期掐丝珐琅器的发现来证实。

珐琅又叫“佛郎”、“发蓝”。珐琅器工艺是珐琅工艺与金属工艺的复合工艺。制作珐琅器是先把石英、瓷土、长石、硼砂及一些金属矿物进行粉碎制成珐琅粉,加以熔炼,然后涂饰在金属胎上,最后焙烧冷却。有的珐琅器还需磨光或镀金。珐琅器工艺在西方有着悠久的历史和杰出的成就。

## 道宣去世

道宣( 596～667 )唐代高僧,佛教史学家,俗姓钱,润州丹徒 ( 今属江苏 ) 人,中国佛教南山律宗创立者,为戒律三宗一大宗。道宣 15 岁跟从慧頵律师受业,十六岁落发,隶长安日严道场。隋大业年,从智首专究律学,后居终南山白泉寺,隋末徙崇义精舍,又迁居丰德寺。高宗时充西明寺上座。曾从玄奘翻译佛经。他一生宣立戒坛传法,受业弟子遍及北方

文殊菩萨造像

各地,南方亦有不少,弟子中有名者如大慈律师、文纲等。道宣大力宣扬戒律,因而戒律在唐朝盛行。乾封二年（667）十月三日,在宣安坐化,终年 72 岁。著有《注戒本》（戒疏）、《注羯磨》（业疏）、《行事删补律仪》（行事钞）、

《古今佛道论衡》、《大唐内典录》、《广弘明集》、《续高僧传》等书，对研究初唐以前佛教史很有价值。圆寂后，高宗曾令天下寺院绘道宣像形，塑其像，追仰其道风。后天宝元载（742）及会昌元年（841），灵昌太守李邕、工部郎中厚本分别为道宣立碑颂德。

## 道世撰《法苑珠林》

道世，唐代佛教学者，唐高僧，字玄恽，俗姓韩，京兆长安人（今陕西西安）。为避太宗（世民）讳，改字行。12 岁在青龙寺出家，精通律宗。曾于显庆年间参加玄奘翻译佛经行道。后奉诏进西明寺辅道宣讲经说法，道名因此大振。讲经说法之余，博览佛教经典要籍，著述颇丰。有《法苑珠林》、《大小乘禅门观》十卷、《大乘观》一卷、《四分律讨要》五卷、《四分律尼钞》五卷、《金刚经集注》三卷等。以《法苑珠林》为最著名。此书是一本佛典类书，扩充自己的著作《诸经要集》而成。原书 20 卷，扩充后共 100 卷，前后共耗时十年，于总章元年（668）写成，兰台侍郎李俨曾为此书作序，流行于世。全书一卷一篇，篇之下又分部，共 600 多部，每部前撰有"述意缘"，概括一部大意，和"引证缘"，广引故事用以证经。最后撰有"感应缘"，广引事实用以证经。这本书按分类编纂，极方便读者检括查寻，里面搜集的佛典很丰富，共引典籍 400 余种，除佛经之外，还兼及儒家经典、道教经典、野史杂记，保存资料很多，里面亦有些是已失传之作，非常珍贵。道世于永淳二年（683）去世。亦有传不知何时卒。

## 官营手工业进一步发展

唐代官府工业与前代相比组织庞大而整齐，各部门的划分也十分精密和细致。

唐代中央设置四监来加强管理，少府监管理百工技巧，下设管理礼器制造、车伞制造、马辔皮工、丝织印染、冶铸的各署，还管理各地的盐监和铸钱监；

唐狻猊葡萄纹镜

唐赤金碗

将作监管理土木工匠；军器监负责甲弩制造；都水监掌川泽津梁渠堰陂池之政。这四监都是唐代官府手工业的专设机构，分工细密，组织严谨。另外，内侍者下有掖廷局，尚官有尚官局，司农寺下有诸盐池监，这些都是有关官府工业的附属机构。

唐白瓷菱花口盘

尽管有如此庞大的组织，但唐代官府工业的性质仍然是建基于自然经济之上。官府工业的原料有三个来源，第一个来源是由官府直接经营获得，这是最广阔的来源，盐、金属、竹木、柴炭等都属于此类。第二个来源是土贡，又称岁贡、岁课、岁办，由全国各地贡而来。第三个来源是和市，表面上由政府出钱收购原料的公平交易，实际上具有强制性，常常少给钱甚至不给钱。官府工业的这三种原料来源无一不打上了行政强制的烙印。

唐金银平脱四鸾衔绶镜。"金银平脱"是唐代一种新的制镜工艺，技法是将金银饰片用胶漆贴在镜背，并髹漆数重，然后细加研磨，使金银片与黑漆面平齐。此镜为唐镜中的精品。

官府工业的生产者有三类，一是官奴婢和刑徒，这些人都属于罪犯，他们终生从事劳作，没有任何报酬，只由政府供给衣服和粮食，有病可由太常给予医药，他们的境地实际和奴隶相似。第二类是短蕃匠，由政府把工匠组织起来轮流服役，他们的劳动也得不到任何报酬。第三类是和雇匠，由政府雇募而来，给予一定报酬，但也不是自由出卖劳动力。

**113**

官府工业是唐政府维持其统治必不可少的部分，官府工业收益在政府财政收入中占有不可忽视的比重，那些制造兵器的行业，更是维护国家政权的重要条件。唐代庞大精细的官府工业不仅不能瓦解占绝对优势的自然经济，相反它正是适应自然经济的需求而生存发展的，因此这种不投入市场的工业生产，无疑对整个工业水平的发展产生了消极的作用，而且还垄断了某些部门的产销，阻碍了相应部门民间工业的发展。当然，因为官府工业的生产力水平和生产技术都比民间工艺高一筹，能够通过各种形式影响民间工业，从而对民间工业的生产与技术发展起到促进作用。

唐三彩陶马

## 唐代石刻线画成就辉煌

唐代石刻线画艺术在前代基础上继续发展，取得辉煌的成就，为后人留下一份珍贵的艺术宝藏。

唐代是我国文化艺术发展史上最光辉灿烂的时代，既遥承汉魏以来的优良传统，又接受南北朝各族和外国宗教艺术风格，创造出具有独特气象的新风格。在美术领域里，宗教题材的绘画艺术也进入了一个黄金时代。唐代画家之多，成就之高，远胜前朝，其中以吴道子最负盛名，对石刻线画艺术作出的贡献也最为卓著。现存石刻线画中署名吴道子的为数不少，多为大场面的道释作品，但有一部分可能是后代辗转传摹之作。

唐阿弥陀佛说法图

唐韩贞瓒造像

　　唐代石刻线画以道释人物画最为常见，艺术成就也最高。龙朔三年（663），书法家欧阳通书成《道因法师碑》，碑座绘刻了两组形貌古怪、衣装奇异的外族贵人像，两组人物相向而立，一文一武，似乎是异国来华朝奉者，反映了初唐时中外交流的一个侧面。由于人物衣饰不同，所用手法也不同，既有表现软薄衣质的"曹衣出水"画法，又有表现盔甲皮鞭靴的硬线条画法。与此同时的有《阿弥陀佛说法图》门饰画，画分上下两层，上层中画阿弥陀佛坐于莲座说法，莲座下有托着化生童子作拜佛状的两朵莲花；下层画乐舞伎人，仿佛是南亚人物。画法采用"铁线描"手法，衣带摺叠多直角，形象勾勒挺拔，需要极高的写真本领和白描技巧。这两幅作品早于吴道子半个世纪。

唐供养人像

　　唐代始尊道教，唐太宗后形成儒居第一，道释次之的排列次序。唐代道教的石刻线画多刻于造像碑上，如陕西西安碑林。太原山西省博物馆有尊"赵思礼造常阳天尊"白石雕像，像座两侧及后面刻道士及供养人画像，此画可看到唐代石刻线画技法的变化，其中人物所着

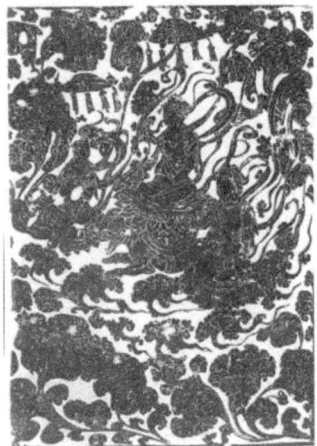

唐普贤菩萨像

服装也不同于前代，对古代服服装变革的研究很有意义。

　　反映唐初统治者既尊道教，又不废佛教的石刻线画，以西安大雁塔门额东侧一面装饰画最有典型意义。图中画佛踏莲花作说法式，另有阿难、迦叶两个供养弟子和六大菩萨，其后却是天龙八部神像，包括形如真君、儒者、星宿天官之神，图中主尊及菩萨相貌已与凡人容貌相结合。

　　北京房山县石经山石窟中存有大和元年（827）所刻大宗石经，碑首刻有菩萨、天王、供养人等石刻线画，精美细丽，为碑石增色不少。这些石刻线画多以阿弥陀佛为主尊，少量以释迦牟尼佛为主尊，反映了晚唐"大乘"佛法所提倡的简易佛法已代替了过去以释迦为主、注重苦修的"小乘"佛教。

这些石刻线画都呈现出较高的艺术性，是唐代流传至今的重要艺术品。

在西安新城内发现的一个佛座上刻有以音乐为题材的石刻线画，十分罕见。佛座三面绘有

唐大雁塔门楣佛画

三组乐队，分别是打击乐、弹拨乐和管乐，具体地表现了当时流行的许多乐器，其中还有西域传来的曲颈琵琶和鼓等。画中还可看出艺人们的手势、指法和表情，十分生动。

另一类石刻线画多见于墓葬中，如墓门、石椁、石棺、墓志上，是王公贵族葬具的装饰，内容是亡者生前豪华生活的写照。石椁上多是宫女宦官、时装人物，不再有北魏墓葬中的神仙鬼怪图样。陕西发掘出的淮安郡王李寿墓石椁上，绘有十八个侍女，多穿贴身紧衣，肩搭帔帛，长裙飘飘拖至脚面，履头翘露，发型盘顶呈扁圆形，仍像隋代人物。而永泰公主石椁线画中的仕女，有的发型反绾如莲瓣，有的高耸如飞翼。从这些墓葬线画中可清晰地看出隋唐妇女衣饰的发展轨迹。除人物外，墓葬中也不乏花草图案。

建国来出土的一些唐代墓志上也有线画人物，其中僖宗时期的"王府君墓志"上绘黄巢像，是我国绘画中罕见的农民起义领袖画像。

唐代石刻线画题材广泛、技法纯熟，取得了突出的艺术成就，为我国的绘画艺术增添异彩。

## 唐代造纸业蓬勃发展

隋唐的造纸业是我国造纸史上的一个繁荣期，在这个时期，不论纸的产量、品种，还是造纸技术本身，都比前代有了长足的进步。

隋代，国家疆域扩大，使得造纸业容易从全国的广大范围里选用各种优良的造纸原

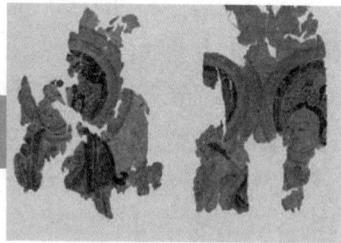
唐佛画残片。纸本设色。菩萨像三，而皆向左。最前一像天衣披肩，冠及胸前之项圈皆饰圆形花状物，长发一缕沿右肩向后披下，面部及手已残；中间一像只余部分头光，右臂裸露，带钏；最后一像存头部及胸前饰物，脸圆，五官距离较近，与新疆晚唐石窟壁画菩萨像相似。

料，当时比较通用的原料主要是麻类，其次是皮类，从现代各地出土的隋唐时期的纸张可以看出这点。如敦煌石室出土的 11 件隋唐五代时期的写经纸中，有 7 件是麻质，剩下 4 件为皮质。除麻质、皮质外，唐朝中广东韶关一带还出现了竹质的纸张。竹纸制作较为困难，因为竹茎的结构较为紧密，纤维较硬，成分较为复杂。故竹纸的出现，也说明了当时造纸技术的发展。

唐《药师佛》。纸本淡设色。此画用笔虽不甚工细，但线条自然，活泼多变，色彩也较淡雅。原图右边残缺较多。传世唐代纸本绘画原作极少，此画具唐画特点，且有一定水平，颇为珍贵。

既然造纸原料来自全国各地，也就使得造纸作坊遍布全国。据《新唐书·地理卷》所载，唐代的产纸地有江州、信州（在今江西）、益州（在今四川）、宣州、歙州、池州（在今安徽）等等，其中尤为益州为最，盛产麻纸。造纸技术在隋唐五代时期，得到了较为明显的进步，主要表现在"纸药"的发明和使用上。"纸药"是指造纸过程中起悬浮剂作用的某些植物浆液，用以改善纸浆性能。早在晋代，人们就使用过某些悬浮剂，如普通淀粉浆液类的糊剂。直到隋唐时期才逐渐采用植物浆液。纸张经过初步制作后，纸面纤维间留有不少毛孔，使纸面不甚紧密、平滑、光洁，书写时容易走墨，为解决这个问题，人们想出一些办法，对初步加工后的纸张进行表面处理，来阻塞纸面纤维间的部分毛孔。具体方法有施胶、填粉、涂蜡等。"胶"是一种淀粉剂，施胶就是将它掺入纸浆中，或刷于纸张表面上。涂蜡就是在已成形的纸张表面加蜡，以保护纸张免受外界侵蚀，延长寿命，包括黄纸涂蜡、白纸涂蜡和粉纸涂蜡等。除"纸药"外，隋唐的纸张在厚度上一些参数也足可说明当时的工艺水平，如敦煌石室的写经纸一般只厚 0.05 ～ 0.44 毫米。

唐菩萨像残片。纸本。此菩萨头像已破损，发冠装饰华丽，边缘呈火焰状。髻上簪两枝花蕾，右手举至胸前，仅余二指。眼睑下垂，向前凝视。面椭圆，丰满，为典型唐代风格。

**117**

隋唐时期的纸张，品种繁多，最为著名的当属"宣纸"。宣纸产于安徽省泾县一带，制作复杂，有细密（利于润墨）、光滑（利于运笔）、绵韧（利于笔墨皴擦）、洁白（利于显色）等特性，且不易被蚀蛀，便于长期保存，号称"千年寿纸"。

## 修建道教太清宫

太清宫为道教宫观。"太清"相传为神仙居处，故道教宫观常以此名冠之。唐代因李唐皇室与道教始祖老子同姓，故大力提倡道教，宫观祠庙遍及全国，河南、崂山和沈阳均有太清宫。其中河南太清宫位于河南鹿邑县城东，古地名为苦县厉乡曲仁里，相传老子诞生于此地。东汉延熹八年（165）在这里建起老子庙。唐乾封元年（666），老子被封为太上玄元皇帝，创建祠庙紫极宫，天宝二年（743）改称太清宫。武周年间，老子母被尊为先天太后，建洞霄宫于太清宫北。两宫相距半里，隔河相望，中有会仙桥相连。共占地8772亩，

唐天尊坐像，为道教盛期雕造。

宏伟壮观，盛极一时。唐宋间太清宫累遭兵火；金、元、清各代虽曾重建，续修，但规模已大不如前。元以后此处为全真道著名宫观之一。

## 初唐壁画场面盛大

初唐壁画（589～709）突出表现了当时的仪仗出行、狩猎活动、宫庭生活和日常家居生活的各种场面。皇室成员的墓葬中，除常见的青龙、白虎外，还绘制了规模浩大、场面壮观的狩猎出行、仪仗出行等场面；文武官吏的墓葬中除绘青龙、白虎外，还有出游、备骑出行以及牛车、马、骆驼为主体的仪仗队，此外，还有礼宾、马球等图象；柱、枋、斗拱和楼阁等建筑画面都

绘有仪仗、戟架、驯豹、架鹰、架鹞、牵驼等等，有的还绘有男侍、女侍、步辇和杂役等画面，也有的画面画有手持各种生活用品、棋类和乐器的男女侍从，还有宴享行乐图、庭院行乐、宗教活动以及农牧生产场面等等。所有这些画面中都从不同侧面反映了初唐时期的社会景象，场面壮阔宏大，欣欣向荣。

狩猎出行是初唐壁画中十分盛行的题材，反映了封建统治者尚好狩猎。唐太宗时期的阎立本、武则天时期的曹元廓都工画骑猎人物山水。但大都失传。李寿墓、章怀太子墓的狩猎出行壁画，可补画史之缺。仪仗出行也是这一时期壁画的重要题材，对照文献记载可进一步了解到唐代仪卫制度。如李寿墓壁画中的仪仗出行、永泰公主墓壁画中

唐代马球图壁画

唐代狩猎出行图壁画

唐贞观年间仪卫壁画

的出行仪仗以及章怀太子墓壁画的出行仪仗都依照严格的等级仪式，生动地体现了唐代仪卫制度等级之森严。戟架是唐初许多壁画中涉及到的内容。从隋代开始制订了三品以上官员门列戟架的制度。唐代三品以上的官员

唐观鸟捕蝉图壁画

列戟于公府门，也有列于私第的，以炫耀门第之荣盛。马球运动是初唐的许多行乐壁画上常画的题材。盛极一时的马球运动，为艺术家提供了生动的创作来源，章怀太子墓的马球图，是目前发现的反映唐代马球运动的最精彩的一幅。

**119**

# 唐朝

671A.D. 唐咸亨二年

四月，以西突厥阿史那都支为匐延都督，安集五咄陆。七月，高侃破高句丽余众于安市城。

672A.D. 唐咸亨三年

十二月，高侃破高句丽余众于白水山，又败新罗援高句丽之师。

673A.D. 唐咸享四年

闰五月，燕山道总管靺鞨人李谨行大破高句丽余众于瓠芦河，残部皆奔新罗。是岁，名画家阎立本死。

674A.D. 唐咸亨五年　上元元年

八月，帝称天皇，武后称天后，改元上元。十二月，于阗王尉迟伏阇雄、波斯王卑路斯来朝。以武后请，诏王公以下习老子，举明经者加试老子。

675A.D. 唐上元二年

四月，皇太子弘死，人以为武后所鸩。六月，立雍王贤为皇太子。

676A.D. 唐上元三年　仪凤元年

二月，徙安东都护府于辽东故城，华人任东官者皆罢之。十二月，遣官为大使，巡抚河北、河南、江南等道。

678A.D. 唐仪凤三年

七月，李敬玄破吐蕃于龙支。九月，李敬玄大败于青海上，将士多为吐蕃所虏。

680A.D. 唐调露二年　永隆元年

三月，裴行俭等大破突厥于黑山，俘奉职可汗，泥熟匐为部下所杀，余众走保狼山。于是吐蕃尽据诸羌地，东接凉、松、茂、隽等州，西陷龟兹、疏勒四镇，南接天竺，北抵突厥，声势甚盛。

673A.D.

阿拉伯人大举自海陆两面进攻君士坦丁堡，历时七年，无功而退。

680A.D.

阿拉伯摩阿威雅卒，雅兹德(680～682)嗣位。阿里次子胡森首途赴库发另建哈里发，被截杀于刻尔比拉平原。伊斯兰世界自此分为两大派别：一为什叶派，一为素尼派。什叶派盛行于波斯一带(按胡森为波斯末帝耶斯提泽德之婿)。

## 贺兰敏之自缢

贺兰敏之，武则天皇后姐姐韩国夫人之子。武后因兄武元庆、武元爽（同父异母）对其生母杨氏（劳国夫人）不敬，借故贬杀武元庆、武元爽等，又以贺兰敏之为己父武士护之嗣，令其受袭周国公，改姓武，曾累迁弘文馆学士、左散骑常侍、兰台太史令，与学士李嗣真、吴兢等于兰台刊正经史并撰著传记。颇具文才，撰有《三十国春秋》100卷。乾封元年（666），魏国夫人死，高宗悲其猝死，敏之亦大哭不语，武后认为贺兰敏之是疑己所为，对其始生恶意。贺兰敏之年少貌美，深得荣国夫人之爱，恃宠而恣意妄为，逼淫太原王妃，又淫太平公主侍女。

咸亨二年（671），荣国夫人卒，武后出大锦瑞，令敏之造佛像为荣国夫人追福，敏之私下藏用，并在服丧期间，奏伎乐。武后于是上表陈述敏之前后总罪，六月，敏之被下诏配流雷州（今广东海康），恢复本性，行至韶州（今广东韶关西南），用马鞭自缢而死。朝野之士与敏之交深者均牵连获罪，流配岭南的人很多。

## 虞昶监造妙法莲华经

虞昶是大书法家虞世南之子。咸亨二年至上元三年（671 ~ 676），虞昶等奉命监造妙法莲华经。妙法莲华经是唐代官书经本。由门下省群书手、左书坊楷书手等专业经手

五代《妙法莲华经卷》

抄成，经历初校、再校、三校，由三藏法师玄奘名弟子大德祥校阅，并由九卿监造，非常慎重。唐代官本写经，与前代相比，组织更密，后出转精。高宗时宫廷抄写大量经卷，分发全国，专业经手多为虞世南之弟子，因而经书多以虞体书写成。妙法莲华经中王思谦所书第六卷最具代表意义，书法既承前期经书的质朴，又具唐楷特有的媚秀，笔法圆融遒丽，气韵高逸，是唐代写经之上品，也是唐代书法墨迹中之精品。妙法莲华经在敦煌出土有残卷。

**121**

# 始刻《集王书圣教序》

《圣教序》全称《大唐三藏圣教序》，是唐太
宗为表彰历时十几年赴天竺求经的玄奘而作，并冠
之以诸经之首。高宗为太子时，又撰《述三藏圣教
序记》。高宗一朝将序、记刻石立碑，今存4种即
褚遂良正书，通称《雁塔圣教序》；王行满正书；
褚遂良《圣教序》之临本，通称《同州圣教序》；

唐《集王书圣教序》。唐咸
亨三年（672）刊刻。行书。

弘福寺僧怀仁集晋王羲之行书而成，通称《集王书圣教序》，简称《王圣教序》。
咸亨三年（672）十二月，诸葛神力、朱静藏将怀仁集成的《集王书圣教序》
刻石成碑。怀仁是王羲之裔孙，深得家传，《集王书圣教序》与羲之书法遗
帖纤微克肖，碑中行楷、行草、个别草书杂糅，体现出王羲之各种书法体势，
古雅有渊致，一气浑成，神采奕奕。世代摹写王羲之书法的人很多，然而集
字刻碑，是从唐代开始。《集王书圣教序》与《兰亭序》并驾齐驱，为古代
书法楷模。《集王书圣教序》现存于陕西西安碑林。

# 奉先寺建成

奉先寺位于唐东都洛阳。唐高宗咸亨三
年（672），高宗敕于洛阳龙门山凿卢舍那佛
大像，武后则天捐献2万贯脂粉钱支助建造。
整个工程历时4年，于上元二年（675）竣工，
这也就是奉先寺。奉先寺内有11尊雕像，有
卢舍那佛、弟子、菩萨、力士等。卢舍那佛
是主佛，佛像高85尺，台座高10尺，面容
丰腴饱满，是唐代凿造的第一个大佛像。主
佛两旁弟子像各具神态，整个寺庙雕像布局

奉先寺大卢舍那佛。卢舍那佛形象既
庄严雄伟又睿智慈祥：头高400厘米，
涡旋纹发髻，长眉秀目，嘴角微翘，
方额广颐，仪表堂堂，令人崇敬。

严谨，刀法圆熟，是龙门石窟中规模最大的露天大龛。上元二年（675）整个工程竣工后，武后则天亲领朝臣参加卢舍那佛"开光"仪式。

奉先寺大卢舍那佛龛

# 龙门石窟艺术达到高峰

龙门石窟在唐代，尤其是唐高宗、武则天时期所造窟龛最多。唐代的约窟龛占龙门石窟总数的十分之六。在龙门开窟造像之风中，王室及文武官吏起着主导作用，其他还有僧尼、行会、士庶、街坊以及新罗、康居，吐火罗等外国僧俗。

唐代龙门石窟从规模上看有大洞、小洞、小龛三类，有七百个窟龛。这一时期，窟龛中造像题材扩大了，除北朝已有的释迦、弥勒、无量寿、观世音、三世佛之外、出现了卢舍那、大日如来、地藏像、优填王像、业道像、药师像、宝胜如来像、维卫佛、多臂菩萨、千手千眼观音和历代祖师像，同时还有刊造经文的人像。这时西方净土崇拜大为流行，阿弥陀及救苦观音像几乎占去唐代造像总数的一半。信徒造像记中有只讲"造功德"而不言所造为何像，将不同经典中的佛与菩萨任意地组合到一铺造像中，甚至有对信仰的佛或菩萨像造出数身，数十身，数百身，出现三弥勒并坐，五观音并立，弥勒五百躯并排的现象。

奉先寺大卢舍那佛头部

奉先寺天王和力士。毗沙门天王和金刚力士，独占北壁壁面。二像皆面朝东方，作护卫之状。动作和谐，配合默契，雄壮威武，有无坚不摧之概。

唐代的代表窟有潜溪寺、宾阳南、北洞（以上二洞的佛像完成于初唐、洞窟及藻井则于北魏已完

**123**

成）、奉先寺、净土堂、龙花寺、极南洞。这些古窟都在伊川两岸的山岩上，东岸的岩壁上则全是唐代窟龛，其中有大窟七个。有二莲花洞、看经寺、大万五佛洞、高平郡王洞等。唐代龙门石窟艺术在经过南北朝数百年发展之后，达到了成熟阶段。龙门窟龛的造像规模、题材、技巧，都达到了空前完美的程度。可以说，从唐太宗到唐玄宗初年这一段时期，龙门的造像活动一直比较兴盛，是龙门石窟上的第二个造像高潮。这一时期

奉先寺药叉。南壁药叉双膝叉开跪于地上，右手支撑着全身重量，左手抱着天王左脚，性格倔强。

龙门最富有成就的代表作是奉先寺大型群像的雕造，它是中国雕刻史上的高峰。

奉先寺是露天摩崖造像群，南北宽约3600厘米，东西进深约4000厘米，主要造像九尊，都栩栩如生、神采飞动，艺术家按照佛教规定的形象，雕造了具有不同性格和气质的大型佛像。主像卢舍那大佛，通高1714厘米，面颊丰满圆润，庄严典雅，眉若新月，眼睑下垂，双目俯视，衬托得那双灵活而又含蓄的眼睛更加秀美，鼻梁直挺，嘴巴微翘而又含笑不露，她庄重而文雅，睿智而明朗，是艺术典型中的完人形象。其后的背光，构图精美，雕刻细致，是龙门最大的背光装饰。外围浮雕飞天、伎乐一周，彼此呼应，密致无间，匀称和谐。佛像左侧是弟子迦叶，右侧是阿傩，二弟子外侧是二菩萨，面如满月，表情宁静矜持。毗沙门天王身着甲胄，沉著威武，金刚力士怒目张口，蕴藏极大的力量。两侧造像既有主从对比，也有文武、动静的对比。奉先寺是最具代表性的石窟。

在龙门唐代的造像题材中，弥勒佛的造像数量仅次于阿弥陀佛，菩萨中以文殊、观世音为最多。龙门唐代弥勒佛，全部作佛装、善跏趺坐，左右有二弟子二菩萨侍立。

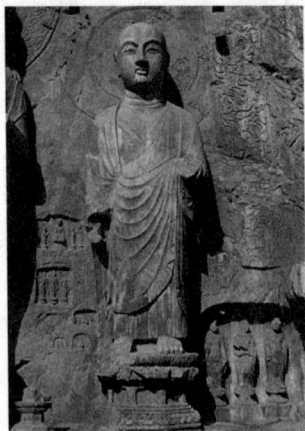

奉先寺阿傩。阿傩头型浑圆，颈略粗（补修所致），恭立于莲座上。内着交领衫，外着袈裟，衣纹流畅，体态自然，给人以聪慧文静而又朴实笃厚之感，惜两手皆残。

千佛洞、惠简洞、大万伍佛洞、极南洞和摩崖三佛都是以弥勒佛为主尊的。大万伍佛洞后壁雕出一弥勒，善跏趺坐于高背椅上，左右为二菩萨，椅上刻龙、骑狮人、鸟头马身兽及日月山水等。四壁及门外上部遍刻小佛，东南北三壁下部刻出罗汉二十五身。窟窿顶的中央刻八瓣莲花，周围绕以飞天、珍鸟、禅云、宝塔、笙、箜篌等。全窟烘托了一个亿万人成佛，快乐安稳，光彩夺目的弥勒净土境界。龙门唐代造阿弥陀成铺佛龛及造单身观音像成风，所造观世音，往往以持净瓶为特征。为求变化，有手提净瓶者，有倾瓶出水者，有手举净瓶者，有瓶中插花者，还有将净瓶系于腰带上者，菩萨姿势自由，身体呈S形曲线，丰胸细腰，优美异常。

龙门唐代的飞天不再持乐器，而专持花、果，作供养天人。万佛洞的飞天，头梳双丫髻，瓜子形脸，颈有项圈，上体裸，下穿裙，露足，身平卧，似于水中游泳。看经寺的飞天，头梳高发髻，面相圆润，肌肉丰满，帔帛和裙裳飘扬，袒胸露足。六身飞天似前后追踪，回旋飞翔。

大万伍佛洞三壁刻罗汉二十五身，是我国较早的一组罗汉群雕。每身罗汉旁都有一段摘自《付法藏因缘传》雕像的楷书铭文，从而可知这二十五祖名号。罗汉雕刻起伏丰富，动势刻画入微，线纹流畅，风格柔和，风度落落大方，极富真实感。龙门唐代供养人像，生动真切，代表一代人物风貌。

龙门石窟地处中原，是外来的佛教艺术植根于民族传统艺术的土壤之中的丰硕成果，是我国古代雕塑艺术完整体系的集中表现。因此，龙门石窟在我国石窟艺术中有自己的特殊历史地位。

# 尉迟乙僧在世

尉迟乙僧，于阗（今新疆和阗）人，生卒年不详，唐代画家。尉迟乙僧于贞观初年赴唐都长安，初时授宿卫官，袭封郡公，居长安奉恩寺。尉迟乙僧的画，与当时大画家阎立本的画齐名。他工画佛像、鬼神、人物、花鸟等。大画洒落有气概，小画用笔紧劲如曲铁盘丝，所作佛像，设色沉着，或突出壁间，或堆起绢素，具有立体感。长安、洛阳大寺院，如慈恩寺、光宅寺、兴唐寺、大云寺等都有其所作壁画。内容包括佛像、菩萨、鬼神、净土经变、降魔变、外国佛众及黄犬、鹰、凹凸花。

所画皆为外国物象，并非中华威仪，明显将西域风格特色传入中原地区。其画属凹凸一派，对后世影响很大。以慈恩寺中所作画为例，寺塔前中间画"功德"及"凹凸花"，西面中间画《千手眼大悲像》，为世人称道。其所作之画有"气正迹高，可与顾（恺之）陆（探微）为友"的评价。其父尉迟跋质那也以画出名。人称其父为"大尉迟"，其为"小尉迟"。

## 王勃为初唐四杰之冠

王勃（649～676），字子安，绛州龙门（今山西河津）人。唐代著名诗人，与杨炯、卢照邻、骆宾王以诗文齐名，并称"初唐四杰"。四人之中，尤以王勃文学创作成就最高，为四杰之冠。王勃出身于书香世家，受家庭熏陶，才华早露，未成年时即被誉为"神童"，并被朝廷授朝散郎。其文学主张崇尚实用，创作"壮而不虚，刚而能润，雕而不碎，按而弥坚"的诗文，批评以上官仪为代表的宫廷诗风"争构纤微、竞为雕刻、骨气都尽、刚健不闻"，开始自觉革除齐、梁诗风的余绪，对转变风气起了很大作用。

明唐寅《落霞孤鹜图》。取王勃《滕王阁序》诗意。

王勃的诗流传下来的有80多首，多为五言律诗和绝句，拓展了题材领域，表现出激越浑厚的情调。其中写离别怀乡之作较为著名。《杜少府之任蜀川》，写"同是宦游人"的离别，却以开朗的诗句来宽慰对方："海内存知己，天涯若比邻。无为在歧路，儿女共沾巾。"意境开阔，一扫惜别伤离的低沉气息，为唐人送别诗之名作。《别薛华》等五律以感情真挚动人。"兴象婉然，气骨苍然，实首启盛（唐）、中（唐）妙境。究其才力，自是唐人开山祖"。

王勃的赋和序、表、碑、颂等文，流传后世的有90多篇。《滕王阁序》在唐代已脍炙人口，被认为"当垂不朽"的"天才"之作。其中两句"落霞与孤鹜齐飞，秋水共长天一色"，利用六朝以前的句调，却描写出前人未写出的景色，确为推陈出新。

王勃的《采莲曲》、《秋夜长》等古诗，承袭乐府民歌的特色，但能把意境开拓出去。最后的："徘徊莲浦夜相逢，吴姬越女何丰茸。共向寒江千里外，征客关山路几重"诗句，描写妇女在采莲时思念被征去塞外的丈夫。这些诗虽仍带有六朝的艳丽色彩，但风格清新明朗，显示了唐诗的新面貌。

王勃与杨炯、卢照邻、骆宾王的诗文齐名并称"初唐四杰"，从王勃的诗文就可看出，四杰的诗文虽未摆脱齐梁以来绮丽余习，但已初步扭转了当时文学风气。王勃明确反对当时"上官体"，"其革其弊"，得到卢照邻等人支持。他们的诗歌，从宫廷走向人生，题材广泛，风格较清俊。陆时雍评价初唐四杰，"王勃高华，杨炯雄厚，照邻清藻，宾王坦易，子安其最杰乎？调入初唐，时带六朝锦色。"初唐四杰是初唐文坛上新旧过渡的著名人物，为唐后来诗歌的发展作出了积极贡献，而"王勃文章宏逸，固非常流所及"。《四库全书总目》亦称"勃文为四杰之冠"。

## 中国国家宗教成熟

唐代修定了全国统一的宗教祭祀典制，以天神崇拜和祖先崇拜为核心的宗法性宗教具有了国家宗教的性质，并且逐级延伸到民间，君权与族权借助神权相结合，中国国家宗教在这一时期发展成熟。

宗法性传统国家宗教，从三代形成，历经两汉魏晋南北朝和隋，到唐代才有了比较完备统一的典制。隋朝已经开始了国家宗教祭祀规范化的努力。隋建国后便着手制定国家礼乐典制，修成五礼而颁之天下，祭祀也分为大中小三等，层次分明，同时确定每岁常祀之制，对

唐《菩萨像》。两幅菩萨立像，为对称之幡画。

祭祀的仪式也作了具体规定。唐初沿用隋代旧制进行祭祀，并在隋制的基础上对祭天、祭祖以及其他宗教祭祀仪制作了修定，后世大体沿用唐制，稍有损益。

**127**

贞观时期的文明

唐普贤菩萨造像

唐《四观音文殊普贤图》。
绢本设色

唐初采用隋代旧仪祭天，唐太宗时制定贞观新礼，只祭天宗，确定了唐代的祭天仪制，封禅之礼的典制仪节，也在唐代完备。关于祭祖仪制，从唐代起，诸臣祭祖皆依其品位确定庙制等级。丧礼方面，修定五服之制，确定了丧服的等级。此外，唐代还有五帝祀、社稷与先农之祭、蜡祭、九宫贵神祭与先圣先师之祭。唐代的所谓先圣先师之祭就是立文庙、武庙，尊孔子为文教主，太公为武教主，文武并有祀主，人臣文武之道兼备于祭祀。

唐代成熟而完备的国家宗教，对社会文化生活产生了巨大影响。它加强了大唐帝国的统一和稳定，唐代迭经战乱而能保持大体不溃，国家宗教起了重要作用。唐代儒释道三教鼎立，儒学相对衰微，在这种情况下发展宗法性传统宗教，可以保持中国人的传统信仰，使传统的社会精神之柱不致于倾倒，也促进了民族主体文化的发展。此外，宗法性宗教祭祀的典制与活动作为礼乐文化的重要内容，对唐代礼乐文化的发达起了极大的推进作用。总之，唐代的宗教祭祀活动紧密结合国事活动、农业季节、教育与民俗，成为社会政治、经济与文化的有机组成部分，它适应封建统一国家的需要，体现君权天授、福乃祖与的传统观念。宋以后的统一国家都采用唐代的宗教祭祀之礼作为新礼制作的模本，发展国家宗教以巩固其统治地位。

## 长孙讷言新增《切韵》

《切韵》共5卷，是隋代陆法言所编。此书重在分辨声韵，以当时洛阳音为主，酌收古音和其他地方音。书中共分193韵：平声54，上声51，去声56，入声32。书中所收文字较少，注释也较简略。因而有多种增修韵书问世。仪凤二年（677），长孙讷言新增的《切韵》完成，属笺注类，以《切韵》为基础，承袭陆法言分韵和体例，略增字数（新增字大多出自《说文解字》），重点在以《说文解字》订补及笺注《切韵》，根据《说文解字》加上按语，记在原注之末，或解释字体，或补充解释，使其新增《切韵》由单纯的韵书成为兼有字书性质。

## 大曲形成流行

大曲是中国古代大型音乐舞套曲。汉魏已有相和大曲与清商大曲，直至隋唐，经过历代的继承与发展，大曲已达到成熟阶段。

唐代的歌舞大曲是当时最为重要、最具代表性的音乐形式。它通常分散序、中序和破三部分。每部分又可分为若干段落。散序

唐代伎乐群俑

节奏自由，为器乐部分，中序也称歌头，较慢，歌唱为主，器乐伴奏，破亦称舞遍，节奏渐快，以舞为主，器乐伴奏。中序的歌唱部分大多为抒情段落，入破以后的舞蹈渐趋高潮，结尾多炽烈激扬，但也有的悠雅飘逸，并无常规。有部分大曲又称法曲，大多清悠典雅，其起源多与佛教音乐有关，在唐代又搀入道教音乐因素，或称仙韶曲。

唐代的歌舞大曲种类之繁，数量之多，也堪称一绝，无论雅乐或燕乐，燕乐中的清乐或胡乐，又无论是坐伎部或立伎部，都包括有大曲。中唐崔令钦著述的《教坊记》是唐代教坊活动的重要记录，其中所记大曲有46个，一般的曲名有278个。其中一些著名大曲由边地命名，如《凉州》、《伊州》、《甘州》、《龟兹乐》。有些大曲史籍资料较多，颇令人响往，如《录要》（亦称《绿腰》、《六幺》或《乐世》）、《雨霖铃》、《柘枝》、《玉树后庭花》、《泛龙州》等。而最富于诗意、最具浪漫

唐代吹箫男侍壁画

**129**

气息的当为《霓裳羽衣舞》（简称《霓裳》）。唐代的大曲、法曲，影响极广，上至皇宫下至民间，远及边陲都时有演奏。开元年间，玄宗为演奏法曲，于教坊处专设梨园，选坐部伎子弟300人亲自指导，号"皇帝梨园弟子"。此外还有数百名宫女充梨园弟子，将30余少年乐工置为小部音声。另外玄宗还创作了名盛一时的《霓裳》、《小破阵乐》等享名于世的大曲。

大曲的盛行与唐代诗歌的盛行密切相关，大曲的歌词往往截取诗歌的片段，如《伊州》词取自王维的《渭城曲》。诗作中描写大曲的也颇多。如白居易《乐世》描写《录要》，张祜《观杨瑗<柘枝>》描写《柘枝》，白居易《霓裳羽衣曲》，王建《霓裳辞》也都是描写大曲《霓裳》，等等。

## 斜纹纬锦成为主流

在我国纺织工艺领域中，织锦是一个重要组成部分。锦因为花纹绚丽，组织复杂，技术要求高，成为古代丝绸纺织技术最高水平的反映。元朝以前，锦多是彩色经线显花的，花型可贯穿全幅，但花型不大，而且受经线固定的限制，不易在织的过程中更改。唐代中期以后，随着重型打纬机的发展，以及人们对各花型的要求，斜纹、纬纱显花的织法逐渐取代平纹经显花的主导地位。

早在先秦时代，纬二重织物就已产生，汉代一些织物也是纬显花的。隋及唐代初年，斜纹纬显花织物增多，工艺也较前代有了很大发展。唐中期以后，纬显花技艺大大提高，由于纬显花织物可以使花纹布局紧凑协调、色彩鲜艳、图案逼真，人们后来几乎放弃了经锦，专门使用纬显花织法。斜纹使织物表布满长浮线，能充分显示丝线光泽，被广泛使用。从平织经锦过渡到斜纹纬锦，是织锦工艺一次重大变化。

唐代斜纹纬锦品种多样，花色繁复。1966年吐鲁番阿斯塔那村92号墓出土的联珠对鸭纹

唐代联珠戴胜鸾鸟纹锦

锦则是唐初产品，线长 19.8 厘米，宽 19.4 厘米，纬线有四色，主纹为对鸭，外围绕联珠一周。7 世纪到 8 世纪中叶，斜纹纬锦十分流行，阿斯塔那 77 号墓的联珠骑士纹锦、138 号墓的联珠猪头纹锦、联珠鸾鸟纹锦，381 号墓的花鸟纹锦等都是今天可见的斜纹纬锦。其中花鸟纹锦主题花纹是五彩大团花，周围环绕飞鸟、散花，锦边为蓝地五彩花卉带，布局紧凑协调，色彩鲜艳，花鸟形态生动逼真，是唐锦中的佳品。

唐代斜纹纬锦风格各异，呈现出百花齐放的繁荣局面。初唐织锦明显受波斯萨珊风格影响，有时还可找到萨珊锦的原型，异国情调浓厚。盛唐以后，外国风格影响减少，民族风格增强，织造技术比以前提高，织锦结构严谨，气韵生动，丰满华丽，雄健豪放。主要织锦纹样有联珠团窠纹，图案基本骨架由同样大小的圆形并排连接而成，周围以联珠圆环为边饰，圆中饰以动物、人物、花卉等；宝相花纹则利用花的有机形体进行分离组合，将自然美和艺术美融于一体；还有以放射对称形雪花图案为主的瑞锦、枝蔓连接缠绕的穿枝花纹以及更具写实性的圆形写生型团花等等。

唐代织锦工艺中，斜纹纬锦成为主流，打破了先秦以来平纹经锦占主导地位的局面，是纺织技术的一次重大改革。

# 民间作坊兴盛

唐代，民间手工业与官府工业并驾齐驱，占有重要的地位。从性质和规模来看，民间手工业可分为家庭手工业和手工作坊两类。

家庭手工业是人类社会最古老的一种手工业组织形式，也是最基本的手工业生产方式，在"男耕女织"的自然经济支配下，更是农民经济的重要支柱，它几乎与古中国社会存在相始终，唐代也不例外，但唐代家庭手工业有自身的特点。在前代家庭手工业中，农民从自己种植的作物中获取原料，用以生产自己所需的消费品，尽量避免与以钱易物的

唐黄釉牵马俑

唐代三彩狗、黄釉骆驼

唐绞胎陶枕

唐代银盘

唐褐彩云纹镂孔薰炉·盖·鼎·座。
制作精细，并采用复杂的釉中彩技
法，是越窑中少有的珍品。

市场相接触。而唐代商业极大地繁荣，为市场需求而生产的家庭手工业也兴盛起来，这是民间作坊的初级形式。从唐代全部手工业生产来看，除了一些规模不等的作坊工业外，绝大部分的日用手工业制造品来自家庭手工业。这时的家庭手工业从形式上看和传统中的没有什么区别，以家庭为组织单位，家庭既是工作场所，也是销售地点；生产人员是家庭成员；技术上主要是家族内传授，力防外泄，就是所谓"家专其业"。唐代家庭手工业不同于传统之处在于它不仅用来自给，而且更主要地是为了销售。从这个意义上来说，这是手工作坊的初级形式。

在唐代民间手工业中更值得注意的是民间作坊，它与家庭手工业的区别主要是生产目的不同，作坊完全是为着他给而不是自给，从规模上看，民间作坊一般都雇佣着有家庭成员以外的人作帮工。民间作坊在唐代商品经济结构中占主导地位。大城市里有大量手工业作坊，有的称为"铺"或"作铺"，有的称为"行"，如织锦行、金银行等，一般都是自产自销，往往一幢房内前边销售，后边制造。即使在中小城市，也有各种小作坊工业，依类别聚在各坊。作坊的营业主称为"长老"或"师"，他们与亲属、徒弟、帮工等一起劳动，是向市场提供商品的小生产者。唐代也有规模较大的民间手工业作坊，例如著名的定州何名远，资财巨万，不仅在各驿站经营邸店，还经营一个拥有绫机 500 张的手工业作坊。

唐朝作为中国封建社会鼎盛时期，在手工业各个领域都取得了卓越的成就。矿冶业方面，除金、银、铜、铁等金属矿业，还有石炭、石油等非金属矿。纺织业更是相当发达，民间纺织作坊发展迅速，有织锦坊、毯坊、毡坊、染坊等。受纺织工业直接影响，印染业也有飞速发展，能染出各种绚丽多彩的颜色，并且改进了汉代以来的印染加工技术。在唐代手工业成就中，最为人称道、后世受益最深的是雕版印刷术的出现，当时各地都有私家刻印发信佛经、卦书、文集等，对文化的推广和传播起到了重要的作用，和造纸术、火药、指南针一起被称为中国四大发明。

## 李淳风作《乙巳占》

　　李淳风（602～670），岐州雍县（今陕西凤翔）人，自幼博览群书，尤其精通天文、历算、阴阳之学，是唐朝有名的天文仪器设计制造家、数学历算家、天文学史家，还是一个星占家。他贞观初年入太史局，贞观十五年迁太史丞，贞观二十二年升太史令。贞观七年改制浑仪——浑天黄道仪，并著《法象志》（7篇）加以阐述。高宗时编制《麟德历》。另著《乙巳占》、《典章文物志》（已佚）、《秘阁录》（已佚）等，参与撰写《晋书》、《隋书》中《天文志》和《律历志》，与梁述等撰注《算经十书》。

　　学术界一般认为，李淳风的天文著作是历代天文著作中写得较好的，很有代表性，可以说建立了写天文志的格式。它内容全面，体系完整。历史上几家谈论天地结构的学说，论者、论据、不同观点的争论，他都简明扼要地作了介绍，论述了天文仪器的名称、结构和功能以及研制者，记录了恒星天区的划分，星宫名称、星数及它们的相对位置，列出了当时测量的十二次度数和分野原则，最后是各种各样的天象记录和用该天象所作的星占。通过天文志我们能得到古代天文学发展的大量信息和天象资料，开创了撰写天文志的新局面。

　　《乙巳占》是李淳风的重要著作，全书共10卷，全面地总结了各家星占学说，建立了一个非常系统的星占体系，从该书中可以了解到巫咸、甘德、唐昧、梓慎、裨灶、箕子、张衡、王兴元、谯周、管辂、吴范、崔浩、刘向、京房、郎凯、王朔、东方朔、焦贡、唐都、陈卓、刘表、蔡邕、祖暅、孙僧化、庾季才、

袁充、郭璞等著名星占家的观点，不但有日月五星及流彗的占语，而且还有气象占及候风法，更引人注目的是为了使星占适应唐代的行政划分，李淳风参照历代的分野重新制定了新的分野，列出了对应的各唐郡名称，例如"角亢郑之会野，自轸十二度至氐四度于辰……今之南阳郡、颍川、定陵、襄城、颍阳、颍阴、长社、阳翟、郏鄏"。显然这种作法使传统天文学的星占部分得以强化。不能把乙巳占看成完全是糟粕一堆，它是中国传统天文学强化自己体系的产物，是重要的文化史史料。不仅如此，其中也保留着许多天文资料，如天象的记录和描述，贞观三年二分二至点的位置、岁差值、浑天游仪的结构等。

## 四大名山佛寺兴盛

佛教有四大名山，是指山西五台山、四川峨眉山、浙江普陀山和安徽九华山。这四大名山自然景观秀丽雄奇，人文景观历史悠久，是我国国家重点风景名胜区。依佛教说法，这四山分别是文殊、普贤、观世音和地藏菩萨的"道场"，因此，此四大名山佛寺极为兴盛。

五台山在山西五台县东北部，古称清凉山。"五台之名，北齐始见于史"。方圆500里，由五座山峰环抱而成。五峰高耸，峰顶平坦宽广，为垒土之台，故称五台山，相传为文殊菩萨应化道场。五台山以佛教寺院众多著称。五台之巅，各有一峰名和寺院：东台有望海峰望海寺，西台有桂月峰法雷寺，中台有翠岩峰演教寺，南台有锦绣峰普济寺，北台有叶斗峰灵隐寺。史载，北魏时在五台建有大孚寺、清凉寺和佛光寺。北齐时五台寺

峨嵋山金顶。佛教四大名山之一的峨嵋山，传说是普贤菩萨的道场。

五台山菩萨顶。建有寺庙百余处，以佛教圣地而享名中外。

院增至200余座。隋文帝时，又于五个台顶各建一寺。

北宋太平兴国五年（980），敕内侍张廷训造金铜文殊像置于真容院（即今菩萨顶），重修真容、华严、寿宁、兴国、竹林、金阁、法华、秘密、灵境、大贤十寺。明末又重建了大塔院寺的大塔和显通寺的铜殿塔等。据初步调查，全山有"青庙"（汉僧所住）97处，"黄庙"（蒙藏喇嘛所住）25处。现存寺庙台内有显通寺、大塔寺、菩萨顶等39座，台外有佛光寺、南禅寺8座。

峨眉山位于四川省中部峨眉县境内。《禹贡》里称为"蒙山之首"，峨眉之名始于西汉。包括大峨山、二峨山、三峨山和四峨山。大峨山最高，通常所说峨眉山即指大峨山。

普陀山。浙江普陀山是佛教圣地之一。古刹琳宫，比比皆是，有"海天佛国"、"南海圣境"之称。

九华山。位于安徽青阳县西南的九华山，素有"东南第一山"的美称。

峨眉山作为佛教圣地有悠久的历史。相传东汉时即建有佛寺。开始为道教"福地"，后来佛道并存。唐宋之际，道教衰落，峨眉山成了普贤菩萨的道场。明清时，佛教鼎盛，寺院多达150多座。现存的20多座佛寺中著名的有万年寺、报国寺、善觉寺、伏虎寺、清音寺和光相寺等。此外，尚有洪桩坪、仙峰寺、洗象池等寺院多处。

普陀山位于浙江普陀县，西汉时称"梅岭"，宋时称"白华山"，明代始称普陀山，它是浙江省舟山群岛的一个小岛。据佛教传说，唐大中年间有一印度僧人来此，亲睹观音菩萨现身说法，授以七色宝石，故称此地为观音显圣地。佛经有观音住南印度普陀洛伽山之说，因此岛亦称普陀洛阳。唐大中十二年（858，一说五代后梁贞明二年，916年），日本僧惠萼（一作惠锷）礼五台山得观音像，归国时舟过五台山遇风不能进，遂留像归开元寺（今称"不肯去观音院"）。自北宋以还，该山观音信仰盛行，寺院渐增，僧众云集。南宋绍兴元年（1131）将普陀的佛教各宗归于禅宗。明清三代相继兴建寺院，

**135**

至清末有 3 大寺、70 余庵堂与 100 多处茅篷。3 大寺系指普济寺、法雨寺与慧济寺。庵堂有洪筏堂、锡麟堂、药师庵、澄心庵、息来庵、泾庵、文昌阁及妙峰庵、悦岑庵、鹤鸣庵、大乘庵等。

九华山位于安徽省青阳县境内，汉时称陵阳山，梁时名帻山，隋唐时称"九子山"。"此山奇秀，高出云表，峰峦异状，其数有九，故名九子山。"（《九华山录》）李白有"昔在九江上，遥望九华峰"的诗句，因此改名九华山。东晋时九华山中即建有道观和佛寺。唐永徽四年（653），新罗王族金乔觉渡海入唐，在九华山苦行 75 年。乔觉入定 3 年，人们看到他逝后肉身与佛经里的地藏菩萨相同，被附会成地藏化身，称"金地藏"。从此，九华山便成了佛教圣地中的地藏道场。历朝在九华山所建寺庙甚多，目前山中尚存寺庵 70 多所，规模最大的祇园禅寺、东岩精舍、万年寺和甘露寺合称九华四大丛林。九华山的寺庵布局灵活多变，与山势结合巧妙，以佛教殿堂和皖南民居相结合的形式也独具风格。

681~690A.D.

# 唐朝

681A.D. 唐永隆二年　开耀元年

突厥阿史那伏念自立为可汗，遣裴行俭击之，与伏念结盟而还。裴行俭击降伏念，俘温傅，尽平突厥残部。

682A.D. 唐开耀二年　永淳元年

是岁，突厥据黑沙城起事，扰并州，杀岚州刺史；薛仁贵大破之。医学家孙思邈去世。

683A.D. 唐永淳二年　弘道元年

高宗死，太子显嗣，是为中宗，遗诏大事取决武后。

684A.D. 唐中宗李显嗣圣元年　睿宗李旦文明元年　光宅元年

二月，武后废帝为庐陵王，立豫王旦为皇帝，三月，逼废太子贤自杀。徐敬业等起兵扬州，移檄声讨武后。后遣李孝逸等击之。十一月，徐敬业兵败，为部下所杀，事平。

685A.D. 唐垂拱元年

以僧怀义为白马寺主，怀义幸于武后，纵横犯法，人莫敢言。

686A.D. 唐垂拱二年

三月，武后命铸铜匦受密奏，告密之风大起。

688A.D. 唐垂拱四年

四月，太子通事舍人被诬谋反，临刑极口骂武后，发其隐匿；自是终后世，刑人皆先以木丸塞口。豫州刺史越王贞亦起事，兵败自杀。于是武后大杀唐诸王、公主及与有连者。狄仁杰毁吴楚民间淫祠一千七百余所。

689A.D. 唐永昌元年　载初元年

闰九月，周兴等罗织故相魏玄同，赐死，内外大臣坐死及流贬者甚多。武后自名曌，改诏曰制，周兴嗣奏除唐亲属籍。

690A.D. 唐载初元年　周圣神皇帝武天授元年

二月，武后亲策贡士；殿试自此始。告密者纷纷，朝士人.人自危。八月，杀故太子贤二子，唐之宗王存者无几。九月，侍御史傅游艺帅关中百姓九百人上表请改国号曰周，赐皇帝姓武氏；皇帝亦表请赐姓武氏。武后可其请，以唐为周，改元天授，后称圣神皇帝，以皇帝为皇嗣，赐姓武氏。

687A.D.

法兰克王国奥斯达拉西亚宫相丕平兼为纽斯特里亚宫相，统一法兰克王国之权力。

## 裴行俭尽灭东突厥残部

永隆二年（681）正月，突厥阿史那伏念在夏州（今内蒙古西南）自立为司汗，勾结东突厥阿史德温傅领兵进犯原州（今甘肃固原）、庆州（今甘肃庆阳）等州。5日，唐朝廷派遣右卫将军李知十等屯兵泾州、庆州防范突厥兵。后又任命裴行俭为定襄道大总管，右卫将军曹怀舜、幽州都督李文暕为副帅，

裴行俭像

再次讨伐突厥。3日，曹怀舜与部将窦义昭在长城北与阿史德温傅交锋未见胜负，又遇伏念于横水，曹怀舜军大败，于是贿赂伏念，结盟而回。闰7月，裴行俭屯军于代州陉口（今山西代县附近），离间温傅、伏念二人，使他们互相猜忌，又派遣将领程务挺从石地道袭击伏念老巢金牙山，俘虏伏念妻子与所有辎重。裴行俭派副总管刘敬国、程务挺率单于府军紧紧追击，伏念无奈，于是捉住温傅向唐朝廷投降，裴行俭命令军队严加守备，以防不测，并派遣使者迎接，许诺不杀伏念、温傅。裴行俭终于尽平东突厥残部。然而高宗听信宰相裴炎谗言，斩伏念、温傅等54人，裴行俭慨叹不已，因此称病不出。

## 太平公主出嫁

太平公主（？～713）是高宗和武则天的女儿，很受恩宠。仪凤中（676～679），吐蕃向唐请求和亲，请尚太平公主，而武后深爱此女，不愿公主远嫁吐蕃，于是建太平观，以公主为观主，如方士薰戒，作为拒绝和亲的理由。永隆二年（681）七月，将太平公主嫁给光禄卿薛曜之子

恭薛绍。而薛绍的母亲是太宗的女儿城阳公主。婚礼以万年县为婚馆，因其门隘狭窄，容纳不下翟车，竟然拆毁其墙垣而让翟车进入，婚礼盛况空前，燎炬相连，夹路槐树大多死掉。因薛绍的兄嫂肖氏、成氏不是贵族，为显示其女尊贵，武则天想废出肖氏、成氏二人，但有人提出肖氏是国家旧婚姻，才罢此念。太平公主后又嫁武攸暨（武则天侄子）。唐隆元年（710）参与李隆基发动的宫廷政变，杀韦后和安乐公主，拥立睿宗。

唐代绢画仕女图

她把持朝政，设置宦属，玄宗即位后，对其不满，太平公主乃阴谋发动政变，事情泄露被杀。

## 裴行俭去世

永淳元年（682）四月，名将裴行俭病卒，年64，赠幽州都督，谥曰献。

裴行俭（619～682），字守约，绛州闻喜（今属山西闻喜）人，唐朝名将，擅长草书，文武兼备。年少时以门荫补弘文生，贞观中举明经。显庆二年（657）累迁长安令。因与长孙无忌等私议不可立武则天为昭仪，左迁西州都督府长史。

麟德二年（665）担任安西大都护，西域各国大多因仰慕他的仁义而归附他，以军功授司文（鸿胪）少卿。总章中（668～670），升司列少常伯，与李敬玄、马载同掌典选十余年，创设长名榜、铨注法等选官条例，被后世仿效。裴行俭曾跟从唐代名将苏定方学习军事，行军打仗时多以智取胜。上元三年（676）任洮州诏左二军总管击败吐蕃军。调露元年（679）智擒侵逼安西的西突厥十姓可汗阿史那都支及李遮匐，升任礼部尚书，兼检校右卫大将军。永隆二年（681），又率大军，以离间计迫使东突厥阿史那伏念捉拿阿史德温傅向唐朝廷投降，平尽东突厥残余。永淳元年（682）四月，任金牙道大总管攻击西突厥车薄，还没出征即病逝。裴行俭居功不傲，对部下诚恳，部下曾丢失、打碎珍贵物品，裴行俭并不责怪，每获赏赐必赏给部下，深受部众爱戴。裴行俭还知人善任，所推荐将领程务挺、王方翼、刘敬同、郭待封、黑齿常之等均成唐朝名将。

**139**

## 以"同平章事"知政事

唐朝皇帝为阻止尚书、中书、门下三省长官（即宰相）权力过大，以较低级品位的官员参知国政，初增"参知政事"，削弱宰相权力，后又增"同中书门下三品"，取代"参知政事"，排挤尚书省长官仆射。永淳元年（682）四月，增"同平章事"，以历任尚浅的外司四品官与中书、门下省长官商议军国事务，逐渐取代"同中书门下三品"，排挤中书令、侍中。这次以黄门侍郎郭待举、兵部侍郎岑长倩、中书侍郎郭正一、吏部侍郎魏玄同并同中书门下同承受进止平章事。自此，外司四品以下等官知政事，以"同平章事"为名。自玄宗即位后，中书令、侍中就很少授人，代宗大历二年（767）升侍中、中书令为正二品以后，二者成闲职，基本上不过问政事。而"同平章事"转变成了职衔，变成官号，成为名符其实的宰相。

## 东突厥后汗国立

贞观四年（630）唐灭东突厥汗国，后突厥部众被征与唐军东征西讨，颇有怨言。永淳元年（682），阿史那骨咄禄与阿史德元珍再次反叛，重建东突厥后汗国，骨咄禄自立为颉跌利施可汗，封元珍为阿波达干，掌管军事，封弟默啜为设，咄悉匐为叶护，把部众分为突利、达头二区进行治理。最初部众仅七百人，占黑沙城（今内蒙古呼和浩特西北），又招集至五千。十月，攻并州及单于都护府北境、杀岚州刺史王

唐三彩陶马。此马装饰精美华丽，造型生动，具有威武强壮之感，是三彩中不可多得的精品。

德茂。唐派薛仁贵为右领军卫将军，检校代州都督，于并州大败突厥兵，乘胜追击，杀万余人，俘二万余人。永淳二年二月十二日，骨咄禄扰定州，被刺史霍王李元轨击退。十七日扰妫州。三月二日，围单于都护府，杀司马张行师。唐派胜州都督王立本、夏州都督李崇义领兵分道救之。五月十八日，骨咄禄又攻蔚州，杀刺史李思俭，丰州都督崔智辩领兵击之，兵败被俘。六月，又掠岚州，偏将杨玄基将其击退。十一月十五日，唐派右武卫将军程务挺为单于道安抚大使，讨伐突厥，永淳三年七月，骨咄禄又扰朔州。垂拱元年（685），骨咄禄攻代州、忻州，二月，唐派左玉钤卫中郎将淳于处平为阳曲道行军总管领兵救代州，攻其地总材山。四月八日，在忻州与突厥遇，兵败，死五千士兵。垂拱二年，突厥又入侵唐境，右鹰杨卫大将军黑齿常之拒之，至两井，遇突厥军三千人，常之领二百余骑击溃突厥军。垂拱三年二月二十日，骨咄禄扰昌平，唐命黑齿常之击退。八月，又扰朔州，唐命常之为燕然道大总管讨伐，于黄花堆（今山西山阴县北）大胜，乘胜追四十里，突厥散走碛北。右监门卫中郎将爨宝璧上表请穷追，唐令其领一万五千精兵援常之，因贪功自行出塞二千余里袭突厥，未至，被突厥军大败，仅爨宝璧只身逃还。武则天怒斩宝璧，政骨咄禄为"不卒禄"。后骨咄禄与唐互市，发展突厥国生产。

## 唐代马球运动兴盛

马球是唐代开始流行的一种体育活动，亦称击鞠。其名和汉代的蹴鞠有关，但蹴鞠是步行踢球，击鞠则为纵马击球，和后代的马球有共同之处。此技源于波斯，唐初传入中国。唐代诸帝自太宗始多擅马球，玄宗、宣宗、僖宗尤精此道。上行下效，长安城中达官显贵、纨袴子弟乃至宫

唐代打球群俑。打球群俑是唐代打球情景的真实写照，骑者服饰紧身，手中鞠杖已失，但从击球的种种姿势可以看出，有的击地上球，有的则击空中球等，动作神态均很生动。

中仕女遂马球成风。后世亦久盛不衰，至清代方成绝响。马球规则《宋史》、《金史》均有记载。

唐中宗时，"上好击球，由是风俗相尚"。此后王公大臣打球之事屡见不鲜。唐玄宗李隆基爱好走马打球，因皇宫的马房里所饲养的马还不大合意，故寻"通于马经者"，以求良马。唐穆宗因击鞠暴得疾，不见群臣三日。唐敬宗李湛颇爱击鞠，长庆四年（824）击鞠于中和殿、飞龙院和清思殿，四月在清思殿击鞠时，有个染署工张韶结集染工百余人"匿兵车中若输材者"，进宫为变，结果失败了。此事使敬宗吃惊不小。唐昭宗李晔被朱全忠逼迫迁都洛阳时，六军都已逃散完了，只有"小黄门十数人，打球供奉、内园小儿等二百余人"跟着他去。当时宫中专门从事打马球的人员，除"打球供奉"外，就是上面提到的"球工"，这些人多选自神策军或里闾恶少年，是专陪皇帝打球的。昭宗被迫出都，犹以击球供俸相随，可见平日嗜好击球。

唐代打马球的技艺也是很高超的。表现了这一时期马球运动开展的水平。例如，唐人阎宽所作的《温汤御球赋》里："有聘趫材专工接来。未拂地而还起；乍从空而倒回。"意思是说，有的人专会很快奔驰迎接来球，球还未落地就被击起，忽然间从空中被击回去。张建封的《打球歌》里："俯身仰击复傍击，难于古人左右射。"这是说，弯下身子去，有时用球棍朝上迎击空中飞来的球，有时又要从两侧去击球，这比古人左右开弓射箭的技术还难。《唐语林》说："宣宗弧矢击鞠皆尽其妙。……运鞠于空中连击至数百而马驰不止，迅若流电，二军老手，咸服其能。"上述描写可能有夸张之处，然从中亦可看出当时马球技艺水平是相当高的。

唐代马球活动在统治阶级的倡导下，在相当范围相当程度上得到了开展，尤其在场地设施的建设，竞赛交流，军队中的开展以及高超的技术水平等方面都是很有成就的。

## 法师窥基卒

窥基（632～682），俗姓尉迟，字洪道，京兆长安（今陕西西安）人，唐代佛教高僧，唯识家（亦称法相家、慈恩家）创始者。他的父亲曾任左金吾卫将军，松州都督，授江油县开国公。窥基从小学习儒经，天资聪颖，被玄奘大师意中，贞观二十二年（648）玄奘亲自为他剃度收归座下。十二月，又奉敕选入慈恩寺。

永徽五年（654），被朝廷任命为大僧，跟从玄奘学梵文梵书，此后 9 年内，跟随玄奘在慈恩、西明玉华等译场受业注疏。玄奘于麟德元年（664）圆寂，窥基重回大慈恩寺，专门从事撰述。他的著作善于提纲挈领，建立体系，主张宇宙万有，唯识所变，继承玄奘宣扬唯识家教义。后云游讲经，弘化师说。著作有 43 种，现有 31 种，号称"百部疏主"，有《因明入正理论疏》、《大乘法苑义林章》、《唯识枢要》、《法华玄赞》、《成唯识论述记》、《瑜伽师地论略纂》等。窥基建议将原十大家注释糅合而成一部，以护法注释为主，作定解，解释世亲《唯识之十论》，成为中国传译瑜伽学一本十支中的主支。永淳元年（682）十一月十三日圆寂。

# 李善注《文选》

李善（630~689），扬州江都（今江苏扬州）人，唐朝著名的训诂学家，唐高宗显庆年间补太子内率府录事参军、崇贤馆直学士兼沛王侍读。李善博学多才，但不善文辞，时人将他称为"书簏"。显庆间，他从事《昭明文选》的注释工作，旁征博引，搜集资料多且广，很多已佚古书的片言只字都赖以保存。

李善的《文选注》是唐代注释书中的代表作。这部《文选注》共 60 卷，经多次易稿方才完成，是研究梁昭明太子肖统编选的文学总集《文选》的文选学的集大成著作。书中解释字句精善，为后代训诂学家所推崇。其最大特点就是一反汉代传注只注不证的体式，大量引证典籍来证明词文。书中引用的古籍达 1689 种；这种受二度注释中词义考据影响的边注边证的方法使注释的体式有了很大发展。

李善的《文选注》非常重视典故的原始出处。由于齐梁以后文人在诗中大量用典成为一种风尚，《文选》中所选诗文篇都有典故。这些典故分为语典和事典两种类型：语典来自前人诗文中的成句或习惯用语、俗语；事典来自古代的神话传说和历史故事。如果不知道典故的来源就很明白典故的确切含义。《文选注》在考证典故的出处方面取得了很大的成就。如书中引用《淮南子》中塞翁失马的故事来注明班固的《幽通赋》中的"北叟"是故事中辩证地思考问题的北方边塞上的老人；引用《鹖冠子》来解释"倚伏"一词的来历等，使读者能更好地理解文章的确切含义。

《文选注》最大的成就在于它对注释体式的创新和发展。它在所征引的1600多种古代文献中所保存下来的大量宝贵的材料，对后代的训诂、校勘和辑佚等工作都有重要的价值。《文选注》对我国语言学、训诂学和校勘学都产生了重大的影响。

## 唐代手工制糖业兴起

唐六屏式花鸟（部分）。吐鲁番市阿斯塔那古墓216号墓室后壁。以红色边框线相隔，并列六幅。这种形式系模拟现实生活中流行的六曲屏风。绘画采用中原地区的传统手法，单线勾勒、平涂填色。内容为山水花鸟，有百合、兰花、鸳鸯、野鸡、野鸭等。

中国真正的作坊方式制糖业出现于唐代。

647年，唐太宗派人去印度学习熬糖法。从唐宋开始形成手工业制糖以来，制糖技术逐步得到发展，一些新的技术、新的工艺相继出现，土法制取的白糖、冰糖等新品种也相继出现，同时也产生了一些制糖的理论著作。

674年，中国发明用滴漏法制取土白糖。白糖出现后在中国沿用了千余年。

唐大历年间（776～779），四川遂宁一带出现用甘蔗制取冰糖。

唐宋制糖手工业昌盛，所产之糖的品种和质量都达到相当高的水平。糖产品不仅销售国内各地，还远销波斯、罗马等地。宋、元期间，大量的闽、粤移民至台湾，同时也带去了种蔗制糖技术。由于台湾气候适宜于种植甘蔗，制糖业很快得到发展，并成为中国主要制糖基地之一。8 世纪中叶，中国制糖技术传到日本。13 世纪左右，传入爪哇，成为该岛糖业的起源。15 ~ 16 世纪，中国的侨民也在菲律宾、夏威夷等地传播制糖法。

# 变文演唱成熟

唐代，在歌唱艺术蓬勃发展，散韵相间的文学体裁相沿已久的条件下，有说有唱的说唱艺术逐步成熟，这是中华音乐文明历史中甚为独特的一个品种。

从文献记载看，最早显示说唱艺术业已成熟的，是敦煌卷子中的唐代变文。所谓变文，大约产生于初唐，"变"字的意思是佛经故事的蕃衍

敦煌唐代壁画七佛药师变局部·舞乐

变化。僧人以通俗方式向听众讲解佛教经义，称为俗讲。俗讲僧有时用绘画和说唱为手段来表现佛经故事，这种图画就称为变相，说唱的底本就称为变文。变相和变文有时也简称变。变文大多是散文、韵文相间，散文部分用来讲说，韵文部分用来歌唱。变文的内容题材除来自佛经的以外，也有一部分是历史传说和民间故事。宗教内容的变文又如《维摩诘经变文》、《降魔变文》等；历史传说内容的变文又如《伍子胥变文》、《张义潮变文》；民间故事内容的变文又如《孟姜女变文》、《董永变文》等。

变文说唱的情况在唐代诗文中有所记述。赵璘在《因话录》卷 4 角部里记载这样一件事："有文溆僧者，公为聚众谈说，假托经喻，所言无非淫秽鄙亵之事。不逞之徒，转相鼓扇扶树；愚夫冶妇，乐闻其说，听者填咽寺舍，瞻礼崇拜，呼为和尚。教坊效其声调，以为歌曲。"文溆，或记为文叙、文淑，是个有名的俗讲僧，他所演唱的具体内容，我们已无从得知。至于赵璘所记"教坊效其声调"，则确有旁证。据《乐府杂录》记载，"长庆中，俗讲僧文叙善吟经，其声宛畅，感动里人。"乐工黄米饭曾采其声调，编成歌曲，名《文

**145**

叙子》。

变文演唱，可能会受到一些外来影响；但是由于要争取广大听众乐于接受，自然要借助于民间曲调。这从《宋高僧传》卷25对唐代僧人少康的记述可以得到证实："康所述偈赞，皆附会郑卫之声，变体而作。非哀非乐，不怨不怒，得处中曲韵。譬犹善医，以饧蜜涂逆口之药，诱婴儿入口耳。"《宋高僧传》的作者赞宁，是五代到北宋初年的人，其所述很可能已是唐代相当普遍的作法。

变文在唐五代后蕃衍不衰，宋时说唱音乐在市民音乐中占重要地位，延至明清，而内容则仍有宗教和世俗两部分。

## 孙思邈总结传统医学成就

永淳元年（682），孙思邈卒，终年101岁，后人誉之为"药王"。

孙思邈（约581～682），唐代医学家、道士，世称孙真人。他自幼体弱多病，于是立志学医，刻苦钻研古典医著，虚心向人请教。20岁时他的医术已相当高明，给人治病效果良好，终身以医为业，名扬天下。

孙思邈在几十年的医学临床实践中，发现古代医书浩博杂乱，不易查检，因而他博采

药王山上的石雕牌坊。在耀县药王山上有多处为孙思邈而立的牌坊。

众长，精心删减，结合自己的实践经验，于652年撰成医书《急备千金要方》，总结了唐代以前的医学成就。30年后，他又在总结半生医学经验的基础上，集成《急备千金要方》的姊妹篇《千金翼方》。两本《千金方》如"羽翼高飞"，相辅相成，是孙思邈对传统医学成就进行的一次全面系统的总结。

《千金要方》共30卷。第一卷为总论，讲述医药、本草、制药等。随后以临床诊治为主，包括妇科2卷，儿科1卷，五官科1卷，内科15卷，外科3卷；另有解毒急救2卷，食治养生2卷，脉学1卷及针灸2卷。《千金翼方》同为30卷，其体例结构近似《千金要方》。所不同的是，该

孙思邈像

书对药物学和《伤寒论》加强了介绍和论述，是唐代最具代表性的医学巨著，被誉为第一部临床医学百科全书。

在《千金要方》中，孙思邈专门列出"大医精诚"和"大医习业"篇，前者对医生的业务水平及修养作了严格的要求；后者则对医生的医德规范作了精辟的论述，反映出孙思邈高尚的医学伦理观念和人道主义精神，从而奠定了中医伦理学的基础。

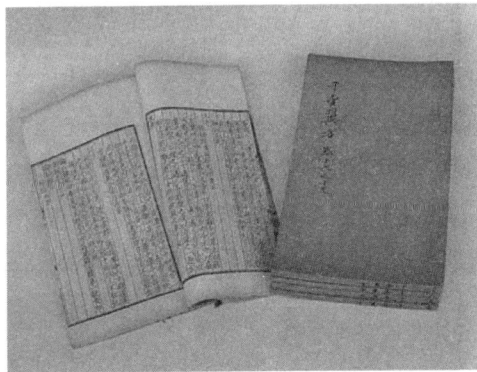

《千金翼方》书影

孙思邈的重要学术思想之一是重视妇科儿科的疾病。他将"妇人方"3卷和"少小婴孺方"2卷摆在首要的位置，这是《诸病源候论》及隋代以前的医书中所没有的。两书中妇产科的内容达7卷之多，系统论述了胎前、产后、月经不调、崩漏、带下等妇产科疾病的诊治，奠定了后世妇产科

发展的基础。

孙思邈在《千金要方》和《千金翼方》中各用两卷的篇幅对伤寒病作了详细的阐述，收集了张仲景《伤寒论》的部分药方，引用华佗、王叔和等名医关于伤寒的论述，并记载了伤寒膏、发汗散、发汗汤、丸等多种方药和汗、吐、下及表里双解等治疗方法。孙思邈归纳出张仲景治疗伤寒病的方法不过三种，一则用桂枝汤，二则用麻黄汤，三则用青龙汤。

求医图。敦煌莫高窟 217 洞壁画。此画面左面一医生手持白色手杖，后随者当为助手怀抱出诊包一类物件。前面着绿色上衣女性为病家迎接医生临舍，其庭堂正坐者为主妇，旁坐者抱一婴童，即患者，生动体现了盛唐时期医生出诊的情景。

明代方有执、喻嘉言进而将此发展为"三纲鼎立"之说。

《千金要方》及《千金翼方》最突出的贡献在于反映了孙思邈在药物学方面的卓越成就。孙思邈在继承前人医学成果、收集民间验方和总结自己药学知识的基础上，首先提出及倡用了一些新的有效药物，如荞麦、糯米、山韭等。他亲自上山采药，亲自栽培药物。《千金翼方》中论述了 233 种药物的采集时节和方法，记述了 20 多种常用药物的翻土、播种、收采等具体栽培方法，表现出他丰富的采集和鉴别药物的经验及娴熟的药物栽培技术。《千金翼方》还记载了 133 州出产的药物，用唐代地名对药材重新进行了整理、命名，并纠正补充了《新修本草》中药物产地记载的错误和不足。说明孙思邈特别注重药物的产地对药效的影响和对选用地道药材的重视。对于药物的加工、炮炙和贮藏与保管等，孙思邈也进行了详细的论证和说明。此外，两部《千金方》还反映出孙思邈在方剂学方面的重要贡献。书中除选录历代 20 多家名医的医方外，还集录了大量的民间单方验方、少数民族及国外医方，共 6500 多首，堪称集唐代以前医方之大成。孙思邈因此被称为"药王"。

在杂病诊治方面，孙思邈在《千金要方》中以五脏六腑为纲，对内杂病进行了分类，对于每一脏腑都单列一卷，依次论述了脏腑的生理病理、虚实寒热病证及其他有关的疾病，形成了一个相对独立的体系。除风病、脚气、消渴、淋病等单独论述外，其余内科杂病都归在脏腑之下。这种归类法有利于认识疾病的部位和本质，较《诸病源候论》有了明显的进步。

孙思邈对医学的贡献还在于他提出了针灸与药物并用的综合治疗原则。他依据甄权的针灸图绘制出《明堂三人图》（已失传）——三幅大型彩色人体经脉腧穴图，标定了650个穴位，发明了著名的"阿是穴"，开创了彩色针灸绘图之先河。他所记载的400多条针灸处方，具有很高的科学价值。

在《千金要方》和《千金翼方》中，孙思邈还设专篇论述了养生原则和具体方法。他提倡食疗，尤其重视老年保健，充分肯定服食药物的保健作用。他在《千金要方·养性》中列出了22首服食方，《千金翼方·辟谷》中记载了37首养性服饵方。其中许多植物药如茯苓、天冬、地黄等经研究证明含生物碱和维生素，对人体十分有益。孙思邈一贯主张用石药、按摩等防治老年病，为老年病的防治留下了宝贵的经验。

孙思邈是唐代极有影响的医学家，也是我国医学史上最伟大的医学家之一。他所总结的传统医学成就为后世留下了宝贵的医学财富。《千金要方》和《千金翼方》还流传到国外，为日本、朝鲜的多种医著作引用，在医学界产生了深广的影响。

# 唐七军阵法创新

唐代军阵一般由七军组成，包括中军一军，左右虞侯各一军，左右厢各二军。因此唐军战斗队形编成及变化的规则和方法，称为七军阵法。根据《通典》、《武经总要》、《武备志》、《李卫公问对》等史籍中关于李靖论阵法的记载，唐代七军阵法有了一些新的创造和发展。

首先是兵力兵器编组配置，比较适合发挥各种兵种或兵器的长处与优势。一般各军内奇兵与正兵比例为3：7。正、奇兵编组位置如下：弩手居前，其次为弓手；再次为战锋队步兵；后为马军、跳荡、奇兵；再后为驻队。开战时，弩手在距敌 150 步时发箭；弓手在离敌 60 步时发箭；离敌 20 步时，弓弩手扔掉弓弩，捧刀棒与战锋队步兵一齐杀入敌阵。马军、跳荡、奇兵通常不动。如步兵受挫，跳荡、奇兵、马军即上前击敌，退回的步兵休整后继续出战。如敌败退，奇兵与马军追击溃敌，驻队不动。如营垒不牢，则从各军抽调兵力充实驻队，坚守营垒。如营垒坚固，辎重无虞，驻队也可出战迎敌。

战阵内由主将通过旗帜、鼓、角等工具进行指挥。其次七军阵形有所创新，出现了六花阵、横阵、竖阵、行引方阵、撤退阵法等不同阵形变化。

六花阵，因其方营布局"象六出花"而得名。据《李卫公问对》等记载，六花阵为李靖所创。此阵通常以中军居中，六军居外，大阵包小阵，大营含子营，各阵营间互相衔接，不同兵种合理配置，具有协同、集中、机动等优点。据《武备志》卷 60 说，五花阵又有六花方阵、六花圆阵、六花曲阵、六花直阵、六花锐阵等 5 种阵形。

横阵，将七军府兵分作两梯队，前面为战队，后面为驻队。每队按弩手在前、弓手次之，然后步兵的顺序梯次配置。马军各在当队后，驻军左右，下马立。听鼓音响，弩手、弓手先后发箭，步军、马军等依次出战。

竖阵，即将弩手、弓手和成锋队混合编组，相间引前；后为跳荡、奇兵；两驻队两边掩护，进攻时按横阵之法依次接战。此阵用于攻击恃险固守之敌。

行引方阵，也就是护送辎重等的行进阵形，将辎重分成 4 分队在两道中间前进，战锋队也分成四分队在两道两侧行军。如遇敌，四个辎重分队退居中间，四个战锋分队掩挡四面来敌。

撤退阵法，即隔队抽队撤退阵法。具体方法是隔一队抽一队，所抽之队撤至阵后百步立阵，未抽之队阻击敌人掩护撤退。已撤之队到达指定地点后，准备兵器迎敌，而后撤前队。前队也后撤阵后百步立阵，准备掩护前队撤退，如此循环往复，前队、后队互相掩护，撤出战斗。这种边战边退的阵法多为后世兵家作撤退战术使用。

# 汉风艺术集中于库木吐喇石窟

我国新疆地区的佛教石窟，由于历史的、地域的和民族的原因，相互之间具有较大的差别。这些石窟大体上分为三种风格：龟兹风、西域汉风和高昌回鹘风。龟兹风壁画最早，约在公元4世纪至8世纪。壁画数量也最多，主要集中在库车、拜城及新和一带。西域汉风壁画较晚，约在公元7世纪至9世纪，壁画数量不多，集中于库车的库木吐喇。高昌回鹘风壁画时代最晚，约在公元9世纪至12世纪，主要分布在吐鲁番。

公元7到8世纪是我国唐朝政府对西域实施有效控制的时期，因此汉风洞窟在这一时期的出现与唐朝在龟兹设安西都护府、大量汉族士兵于此屯戍以及中原汉僧西来移居等历史背景有着密切关系。

汉风艺术比较集中的库木吐喇石窟在今新疆库车县境内，位于谓干河东岸。石窟分南北两群，北部洞窟集中，称窟群区，编号的洞窟有80个；南部的洞窟稀少，称谷口区，编号的洞窟有32个，分布也比较分散。汉风洞窟全部集中在窟群区，有30多个。

库木吐喇第45窟乐舞特写

库木吐喇第45窟散花飞天

在洞窟形制上，汉风洞窟的主体结构仍是中心柱窟三进式，主室平面多作长方形，窟顶多作纵券形。除洞内石胎泥朔佛像有别于龟兹岗洞窟中木胎泥朔佛像这一点外，洞窟形制上与龟兹风洞窟相比并无什么不同之处，因此库木吐喇石窟汉风洞窟的鲜明特点，主要表现在壁画的题材内容、构图形式、绘画方法以及装饰纹样等方面。

与龟兹风洞窟主要以释迦牟尼事迹为壁画题材不同，汉风洞窟的壁画题

库木吐喇石窟外景

贞观时期的文明

材，多以表现大乘教经典为主要内容，这种内容又以场面宏伟的大型经变画为主，它包括乐师变、未生怨、十六观以及涅槃图等内容。这些内容的壁画多以汉族传统的长方形中堂式画面出现，两侧配以立轴式的条幅，中堂与条幅之间隔以花边，画面构图均衡、稳定。另外，汉风洞窟的壁画中还出现许多汉式尊像图和千佛图，图旁配有汉文榜题。这些壁画，人物造形生动传神，色彩璀璨富丽，画面气势雄伟壮观，具有典型的汉族绘画风格，其水平足可和同时代的中原壁画相媲美。再则，出现非龟兹装的供养人像，也是判定汉风洞窟的一个依据。

汉风石窟壁画大多成组出现，每组在内容上多有联系。如在编号为第十四的方形窟内，正壁为一铺经变，左右侧壁绘佛本行变。佛本行变从北侧壁东端开始，依次向西，再接北侧壁西端，最后以西端涅槃图结束。两侧壁的内容前后衔接，但画面之间没有花边分隔，与龟兹风的佛传故事画构图形式迥然有别。关于千佛题材的壁画的构图形式，汉风洞窟也有自己的特点，汉风洞窟内的千佛画，大多不画龟兹风壁画所具有的方形边栏，形象比较简单，色彩为单一性重复，显得沉滞而简朴。

汉风洞窟壁画中有较多的汉式装饰纹样也是一大特点。汉风洞窟中的装饰纹样，以团花图案、卷草边饰、茶花边饰等植物纹样为主。这些装饰纹样，都不见于龟兹风洞窟，而又与中原地区的纹饰非常相似。团花图案主要用在中心柱窟或方形窟的券顶中脊部位，取代了龟兹风洞窟同一位置上的天象图。卷草和茶花边饰多用于窟顶与侧壁衔接处或经变画的边栏上，其中茶花纹样出现最多，有的还用于团花图案或背光图案中。另外，云头也是汉风洞窟中常见的图案，一般出现在经变画和因缘故事画中，用来表现天空场景，以烘托飞天、菩萨、佛等圣众的动态和形象。这一点，也是在中原地区较早流行的典型汉族画法。